中学受験「必笑法」

おおたとしまさ
育児・教育ジャーナリスト

638
中公新書ラクレ

はじめに

首都圏中学模試センターによれば、2018年の首都圏における中学受験者総数は推定約4万5000人。それに対し、実際の中学入試の募集定員総数は4万8171人。受験者総数に対する募集定員総数の割合は107%。つまり理論上、どこかには必ず入れる。大学受験だけでなく、中学受験も全入時代なのです。

それなのに中学受験に過酷なイメージがつきまとうのは、ごく一部の超難関校合格を目指す中学受験生たちが、文字通り1点2点を争うデッドヒートを繰り広げているシーンに注目が集まりやすいからです。

中学受験の「合格」は、常に相対的なものです。自分が100がんばっても、ライバルが101がんばっていたら、負けてしまいます。一定の学力に達したことが認められれば全員が合格できる「〇〇検定」のようなテストとは、そこが違います。

Aという中学受験塾が生徒たちに101やらせていたら、Bという塾は102やらせるようになる。それでB塾が合格実績を伸ばすと、今度はA塾が103やらせるようになる。実際に複数の中学受験塾が過去数十年間にわたってこうして競い合ってきました。年を追うごとに、中学受験勉強は過当競争になっていくのです。

この、際限なくレベルが上がっていく競争のなかに、子供を放り込んでいいものかどうか、親は一度冷静に考える必要があります。

勉強が得意な子たちが、ハイレベルな競争のなかで切磋琢磨し、お互いを高め合うこと自体は素晴らしいことです。しかし子供の個性はさまざま。もっといろいろな中学受験への取り組み姿勢があってもいいはずです。過当競争からはあえて距離を置き、「わが子が100がんばればそれで良し」とする中学受験があってもいい。それでも必ずどこかの学校には入れるのですから。

中学受験で最終的に第一志望に合格できる子供の割合は3割にも2割にも満たないといわれます。それを「勝ち負け」で表したらあまりに分が悪い戦いです。しかし人生に勝ち負けなんてないように、中学受験にだって勝ち負けなんてありません。終わったときに「やりきった」「成長できた」と思って家族で笑顔になれるなら、そして合格した学校に堂々と通えるなら、その中学受験は大成功だといえます。

親がちょっとしたコツさえ知っていれば、そうやって中学受験を終えることは必ずできます。中学受験に「必勝法」はありませんが、「必笑法」ならあるのです。それが本書のタイトルに込めた意味です。要するに、他人と比べない中学受験、がんばりすぎない中学受験、子供を潰さない中学受験、親も成長できる中学受験のすすめです。

第1章は中学受験に取り組む親の心構えの話です。第2章は塾選びおよび塾との付き合い方。第3章では学校選びや併願戦略について述べます。第4章は中学受験という機会を通した家族の成長に目を向けます。

各章の終わりには、中学受験に取り組む親御さんからのリアルな相談に私が実際にお答えしたＱ＆Ａを掲載します。ここには中学受験生を支えるご両親の夫婦間葛藤がたくさん登場するのが特徴的です。これも中学受験の現実です。

中学受験とは、決して楽ではない家族のイベントですが、本書を読むことで、中学受験生の親御さんたちの不安や焦りやイライラが少なからず払拭されるはずです。中学受験期間中の家庭の雰囲気がだいぶ明るくなるはずです。中学受験という機会を通して、子供だけでなく、親も成長できるようになるはずです。

偏差値を上げる方法は書いてありませんが、この本を読むことで、家族みんなが前向きな気持ちで中学受験に取り組めるようになり、結果的に偏差値も上がる可能性は十分にあるだろうと思います。

中学受験に取り組むすべてのご家族が、満面の笑みで「12歳の春」を迎えられることを願いながら、本書を執筆します。

中学受験「必笑法」●目次

第3章　「たかが偏差値、されど偏差値」の志望校選び………109

図表作成・本文ＤＴＰ／市川真樹子

中学受験「必笑法」

第1章

中学受験で家庭から笑顔が消えるわけ

野球少年には賞賛、中学受験生には同情？

結論から言います。子供に中学受験勉強をさせることをかわいそうだと思っているのなら、中学受験はやめたほうがいいでしょう。親がそう思っていたら、子供も間違いなく「自分はかわいそうな小学生」だと自己暗示をかけてしまうからです。自分のことをかわいそうだと思いながら前向きに勉強をがんばれる子供なんていません。始める前からその中学受験は失敗です。

メジャーリーガーのイチロー選手は小学生のころ、友達と遊ぶのを我慢して年間360日練習に明け暮れたそうです。いくら野球が好きだからといって、ときにはつらくなかったわけがありません。でも、自分の目標のために、自分を奮い立たせていたわけです。それが本当の厳しさを学ぶということでしょう。

中学受験生は、イチロー少年がバットを握っていたのと同じくらいの気合いで鉛筆を握っています。それなのに、野球少年は賞賛され、中学受験生はかわいそうと同情される。中学受験をさせている親を、どこか冷ややかな目で見る風潮もある。おかしいですよね。

どんなにがんばっても１００％報われるとは限らないのが中学受験。やめようと思えばいつだってやめられるのが中学受験。それなのに、彼らは逃げません。はっきり言いましょう。中学受験生はかわいそうなんかじゃありません。彼らはたった12歳にして、自分が進むべき道を自分で選びとるために努力することを決意した、勇気ある子供たちなのです。

親や塾の先生、友達たちも支えてはくれますが、最後の最後、試験会場で頼れるのは自分のみ。言い訳はできません。「もしかしたらこの努力が報われないかもしれない」という不安に打ち勝つために、彼らは、さらに努力を重ねているのです。

中学受験というと、毎晩遅くまで塾に押し込まれ、塾のない日も深夜まで勉強をさせられるというイメージをもっているひとも多いのではないでしょうか。

実際のところ、毎日塾に通うということは6年生でも一般的ではありませんし、塾のない日に深夜まで勉強するということも、6年生の追い込みの一時期以外にはほとんどありません。5年生や4年生の時点でそこまでやるのはむしろ、間違った取り組み方といえます。

たしかに中学受験勉強をしていればつらくなることはあるでしょう。でもこれは、勉強に限ったことではないはずです。スポーツでも音楽でも、真剣にやればこそ、つらさを経験します。成長のために欠かせないつらさです。

学校より塾の勉強のほうが「楽しい」

客観的に、中学受験生の実情を表すデータがあります。まずは、ベネッセ教育総合研究所の「中学校選択に関する調査報告書（2007年）」。

中学受験予定の小学6年生に「学校の勉強と学習塾の勉強では、どちらが楽しいですか」と聞いたところ、「ぜったい塾」もしくは「どちらかというと塾」と答えた子供の割合はあわせて64・5％でした。「ぜったい学校」もしくは「どちらかというと学校」の31・6％をダブルスコアで引き離す結果です。

「学校の勉強と学習塾の勉強では、どちらが将来、役に立つと思いますか」の問いに対しては、「ぜったい塾」もしくは「どちらかというと塾」と答えた子供の割合はあわせて71・7％。「ぜったい学校」もしくは「どちらかというと学校」の合計は26・3％。やはり圧倒的に塾なのです。

それでも「塾通いなんてかわいそう」という大人は、自分の「勉強嫌い」を勝手に子供たちに投影しているだけではないでしょうか。

塾通いをはじめたら、遊ぶ時間などまったくなくなるのではないかという心配もあるかもしれません。これについても客観的なデータがあります。同じくベネッセ教育総合研究所の「放課後の生活時間調査（2008年）」の結果です。

中学受験予定者の1日あたりの平均の勉強時間（家と塾での勉強時間）は163・4分、遊び時間（屋内外での遊びおよびテレビゲームの時間）は30・5分、メディア時間（読書、音楽鑑賞、パソコン、テレビ・DVDを見ている時間）は59・2分です。一方、中学受験非予定者では、勉強時間が64・4分、遊び時間が46・5分、メディア時間が88・4分です。

中学受験予定者のほうが、1日あたり約100分多く勉強しています。遊び時間では約15分、メディア時間では約30分、中学受験非予定者のほうが長い。メディア時間の差はほとんどテレビ・DVDを見ている時間の差。さらに、遊びの内容が問題です。遊びといえば昨今はテレビゲームが主流。中学受験をしない子は、勉強時間が約100分少ない一方で、テレビやゲームに費やしている時間は約45分多いわけです。

睡眠時間は、中学受験予定者が8時間9分、中学受験をしない子供たちは8時間41分で、いずれも適切な睡眠時間の範囲に収まっています。

中学受験生が、遊び、メディア、睡眠時間、その他の時間を少しずつ切りつめながら勉強時間を捻出している様子がうかがえますが、遊びや読書や睡眠の時間がまったくなくなるわけではないことがわかると思います。

中学受験をする予定のある男の子は、「いま遊ぶとしても、どうせ近所で友達とゲームをするだけ。だったらいまはちょっと我慢して、15歳のときに、中学の友達と電車に乗って遠くまで遊びに行ったりしたほうがいい」と言い切りました。「12歳で遊ぶのか、15歳で遊ぶのか」という話です。

10歳以降は勉強に適した脳になる

心理学では昔から、11歳くらいまでを「具体的操作期」、11歳くらい以降を「形式的操作期」と呼び、11歳くらいを境に子供の認知能力が変わるといわれてきました。11歳くらいから、抽象的な概念であっても仮説を立てて系統的に理解したり、論理的に物事が考えられるようになったりする能力が飛躍的に伸び、いわゆる本格的なロジカルシンキングが可能になるわけです。学習内容に公約数や公倍数という抽象的な概念が出現するのもちょうどこの時期ですよね。

最近では脳科学的な見地からも、10歳くらいで子供の脳が大人の脳に変化するということがわかってきています。脳科学者の林成之氏の著書『子どもの才能は3歳、7歳、10歳で決まる！』（幻冬舎）には、「脳が大人と同程度までに発達したら、いよいよ勉強の適齢期。10歳以降は、脳はほとんど大人と同じになりますから、ガンガン勉強させてかまいません」とあります。

さらにスポーツにおいても、9歳から12歳くらいまでは一生に一度のゴールデンエイジと呼ばれています。高度な技術を即座に身に付けることができるし、この時期に適切な訓練をすると将来大きく伸びやすいことが、経験上わかっているのです。将棋や囲碁の世界でもこの時期の訓練が大切なのだそうです。

必ずしも中学受験をしなければいけないとは思いません。しかしこの時期に、テレビを見たりゲームをしたりしてダラダラ過ごす以外「何もしないという選択」はあり得ないと私は思います。

サッカーが好きならサッカーに打ち込むも良し、将棋が好きならば将棋に没頭するも良し、ピアノが得意ならピアノを極めるのも良し。これという得意分野がないのなら、将来どんなことにも応用が利く「勉強」という種目に打ち込むのもいいのではないでしょうか。

ここまで説明しても、「小学生のうちくらい思い切り遊んでおいたほうがいい」という声があるでしょう。それには半分同意しますが、半分同意できません。

なぜなら思い切り遊んだほうがいいのは小学生のうちだけではないからです。中学生になったら、小学生のとき以上にもっと思い切り遊ばなければなりません。そのために中高一貫校に入るのだといっても過言ではありません。

思春期には、たくさんのひとに会い、いろいろなことを体験し、親や先生の言うことを疑ってみて、自らの頭で必死に考える経験を積む必要があります。思春期にしっかり反抗し中だるみを経験してこそ、精神的な自立が得られるのです。

極論すれば、特に反抗期には、紙と鉛筆で勉強している暇などありません。

それなのに、日本の進学システムでは高校受験があるので、十分に反抗や中だるみをする余裕がありません。内申点だって気にしなければなりません。高校受験勉強と反抗期を両立するのは至難の業です。

中学受験を経て中高一貫校に入ることには、その困難を回避する意味があります。たっぷり反抗して中だるみするゆとりができる。それが中高一貫校に通ういちばん本質的なメリットだと私は思います。

中学受験をやめたほうがいい親の特徴

ただし、中学受験は両刃《もろは》の剣。やり方を間違えると親子を壊す凶器にもなります。

中学受験の最悪のシナリオとは、全滅することではありません。途中で子供や親が壊れてしまうことです。

親子を壊すいちばんの原因となるのが、「全滅したらすべてが水の泡」だとか「第一志望に合格しなければ意味がない」というような「ゼロか百か思考」です。

ちょっとでもつまずいたとたんに不安に振り回されるようになり、冷静な判断ができなくなるのです。気付いたときには親も子もボロボロ。そこまでのリスクを冒して中学受験をする意味はどこにもありません。

「うちの子は中学受験に向いていなかった」「これ以上やっても苦しめてしまうだけかと思って」と、中学受験を途中離脱する家庭もあります。熟慮のうえのことならば、それもきっと正しい選択です。

ただ、ひとつだけひっかかります。右記のような表現だと、「子供が中学受験に耐えられなかった」というニュアンスが強く感じられます。でも実際は、心が折れてしまったのは子供ではなくて親のほうではないかと思うケースが、圧倒的に多いのです。

塾に通い、家でも毎日何時間も勉強し、週末にはテストを受け、その容赦のない結果が送りつけられるという生活に最初から慣れている子供などいるわけがありません。

ふがいないわが子を見て、多くの親は胸を焦がします。がんばってほしいという応援の気持ちとは裏腹に、口を突いて出る言葉は罵声《ばせい》だったりします。そんな自分に嫌気がさして、「もうやめたい」と思うのではないでしょうか。

それを子供のせいにしてはいけません。

子供の心が折れてしまいそうなら、本人とよく話し合い、中学受験をやめるという選択も大いにありです。でも親が勝手に戦線離脱してしまったとしたら、子供に与える傷の深さは計り知れません。

世間一般にある「中学受験残酷物語」のイメージは、このような親子から生まれたのではないかと思います。でも実際は中学受験が悪いのではなく、やり方が悪いのです。

「中学受験必笑法」の奥義は、極端な言い方をすれば、「たとえ全滅しても『やって良かった』と思える境地」に至ることです。

それができれば逆に、全滅のリスクは限りなくゼロに近づけることができますし、「納得できる合格」を手にしてその学校に堂々と通い、「この学校に来られて本当に良かった」と思うことができるようになるはずです。そうすればその中学受験は大成功です。

ではここで、中学受験を大成功で終えるために重要な、親の心構えを5つ紹介しましょう。

●中学受験生の親がもつべき心構え①
努力が報われないこともあるという現実を受け入れる

どんなに優秀な子がどんなに努力したって必ず第一志望に合格できるとは言い切れないのが中学受験。その現実を受け入れる覚悟をまず親自身がもつこと。それが中学受験を志す子の親が最初にすべきことです。

実際、中学受験において、第一志望に合格できるのは3割にも満たないといわれています。さらにその前提として、小4、小5、小6と学年が上がり、模試を経験するなかで、当初思い描いていた超難関校をそっとあきらめ、現実的に手の届く可能性のある学校を実際の第一志望にするケースは膨大にあるはずです。

ある私立中高一貫校の教員は、ため息交じりに教えてくれました。

「入学するなり、本校に対する不満ばかり言う保護者がいました。どうもうちが第一志望ではなかったらしいんですね。親がそうなら子もそうなる。親子で散々本校の悪口を言った挙げ句、5月には地元の公立中学に転校してしまいました」

親が悪口を言う学校に毎日通わなければならない子供の気持ちを想像してみてください。胸の痛みを紛らわすために、親といっしょになってせっかく合格した学校を否定したのではないでしょうか。転校すればその傷は癒えるのでしょうか。だといいのですが……。

これを「第二志望でも納得できないという病」と呼びます。

思春期前のこの時期には、子供は自分の価値観よりも親の価値観を通して世の中を見ています。それが絶対的な価値観であると信じて疑いません。自分の努力の結果が親を落胆させるものだったとしたら、子供の自己肯定感は下がります。それが中学受験の大きなリスクのひとつです。

逆に言えば、親が、子の努力を評価し、どんな結果であろうとたたえることができれば、子供の自己肯定感の低下は阻止できます。

結果がどうであれ、中学受験という経験を「大変だったけれど良い経験」として心に刻むか、「つらいだけの残酷な経験」として心に刻むかは、親の心構え次第なのです。

●中学受験生の親がもつべき心構え②
「何が何でも」というこだわりを捨てる勇気をもつ

受験を終え、もし第一志望合格という結果ではなかった保護者には「第一志望の存在は、この子のやる気を引き出し、能力を伸ばしてくれたけれど、いま、この子にとっていちばんいい学校は、こちらの学校だったのだ。神様は、努力した者に、最善の結果を与えてくれたのだ」という健全なるルサンチマンを感じてほしいと私は思います。

ルサンチマンの例として有名な、イソップ童話の「キツネとぶどう」。物語のなかでキツネは、負け惜しみを言うだけの哀れな存在として描かれています。しかし本当にそうでしょうか。

キツネがぶどうをあきらめることができたのは、視野を広げられたからです。まわりに森があり、ほかにいくらでもおいしいものがあることに途中で気付いたからです。もし一房のぶどうだけが命をつなぐ糧であると思い込んでいたら、キツネはルサンチマンを感じることもなく、いつまでも手の届かぬぶどうを恨めしく思いながら、息絶えたことでしょう。

「何が何でも御三家合格」とか「偏差値60以下の学校は意味がない」などと言って、目の前の一房のぶどうしかこの世に存在しないと思い込むことが、「第二志望でも納得できないという病」の本質です。

がんばれば手が届きそうだと思えているうちはいい。しかし、ぶどうの木に近づいてみてはじめてその高さに気付いたり、タヌキやカラスも同じぶどうを狙っていることに気付いたりすると、焦ります。身の丈以上に背伸びをしたり、まわりを出し抜こうとがむしゃらにがんばりすぎ、疲弊し、ぶどうの木に手をかける前に倒れてしまう。

大手進学塾に通う生徒向けに、補助的な個別指導を行う塾の保護者相談会に参加したときのこと。

「成績が伸びません。娘の塾の勉強を毎日見ていますが、授業の内容をほとんど理解できていないように感じます。それでどうしても怒鳴ってしまう……。塾の宿題を全部やらせようとは思っていませんが、あまりにも時間が足りません。どうしたらいいかわからない……」と、いささか取り乱し気味に訴える父親の目は、文字通り血眼でした。

子供の成績が伸びないから取り乱しているのか、父親がこのような状態だから子供も萎縮して成績が伸びないのか。卵が先か鶏が先かです。

別の個別指導塾に通うある小学6年生の母親は、涙ながらに告白してくれました。「模試の成績で偏差値が下がるたびに不安になり、もっとやらせねばならないと焦り、怒鳴り、わが子を罵倒《ばとう》しました。あの参考書がいいと聞けばそれを買い、『これもやりなさい』とさらに負荷をかけました。いま思えば、自分自身が不安に押しつぶされそうになるのを防ぐために、子供を追いつめていました」

幸いその母親は、受験のプロのカウンセリングを受け、悪循環から脱しました。すると、子供の成績も伸びたそうです。

いずれの例も、詳しく聞けば、偏差値的には「どこの学校にも入れそうにない」という成績ではありません。でも「このままでは目指す目標には届かない」という焦りから、不安にとりつかれたのだと考えられます。

第一志望に大きな憧れを抱き、受験勉強のモチベーションにすることは大切なことです。しかし、第一志望しか見えなくなると危険です。

失うものが大きいと感じれば感じるほど、不安も大きくなります。大きな不安を抱えると、その不安に自分自身が振り回されます。その悪循環にはまりやすいのは、受験生本人ではなく、親のほうです。それが、中学受験で親子が壊れ自滅する、典型的なパターンなのです。

本来であれば受験終了後に発症する「第二志望でも納得できないという病」は、受験勉強のさなかから、親の心に病巣を構え、親子をむしばむことがあるのです。

●中学受験生の親がもつべき心構え③

受かった学校が最高の学校だと信じる

逆に、必ずしも第一志望に合格したわけではなくても「中学受験に成功した」と言う親には共通する何かがあると、多くの取材経験のなかで私は感じました。

ある母親は「中学受験ができるなんて、あなたはうらやましい！　私は地元の中学校に行って、地元の公立高校に行くしかなくて、自分では何も選べなかった。自分で自分の行く学校を選べるひとなんて、この広い世界のなかで、そうそういないのよ。受験勉強は、自分の努力次第で自分の通う学校の選択肢を増やすこと。そのチャンスを活かさない手はないでしょ！」と、ことあるごとに娘に言って聞かせたそうです。

娘もその気になって中学受験にのぞみました。そういう視点で考えれば、どこの学校も魅力的に見えたと言います。結果、見事第二志望合格をつかみます。「中学受験は親子にとっていい経験となった」と振り返るその姿は、自信に満ちあふれ、すがすがしくもありました。

母親は「私は自分の会社を経営する経験から、物事なんでも思うようには進まないということを身にしみて知っていました。ましてや自分ではなく、子供の受験。自分が思うようにことが運ぶとは想定しません。一方で、これも経営者としての経験から、どんな結果であれ、なるようにはなるということも知っていました。だから子供の受験に対しても大きく構えていられたのだと思います」とも語ってくれました。

「大変ではあったけれど、振り返れば中学受験は自分たちにとっていい経験」と胸を張る親子は、もともと「自分にとっていちばんいいところに決まるはず」というブレない信念をもっていたケースが多いのです。そのような信念をもつことで、どんな結果も前向きに受け入れることができるようになるのはもちろん、受験勉強のさなかにおいても、子供は余計なプレッシャーを感じることが少ないので、もてる力を発揮しやすくなるのでしょう。

中学受験を終えたばかりのある母親は次のように話してくれました。

「6年生の冬、いよいよ大詰めというころ、誰に言われるでもなく自分から机に向かい、目の色を変えてがんばる息子の姿を見たとき、息子の成長を感じました。目標のために自ら机に向かうようになるなんて『ずいぶん成長したなぁ』と涙が出そうでした。その時点で中学受験をして良かったと本気で思えてからは、合否が怖くなくなりました」

また中学入試本番を間近に控えた別の6年生の男の子は、「いくつか学校を受けるだろうけど、どこの学校が楽しそう？」と聞く私に、こう返事してくれました。「第一志望はあるけれど、どこの学校に行ったって、僕が行けば楽しくなるよ」。そう思えたら、その時点で、その子の中学受験は成功確定です。

子供が第一志望まっしぐらにがんばるのはいいことです。高望みだってどんどんすればいい。しかし親まで合格という結果ばかりを見ていると、いま、目の前で努力する子供の成長に気付けなくなることがあります。

小学4年生で塾に通い始め、小学校では習ったことのないような難問にもあきらめずに取り組むようになる。テストの結果に一喜一憂し、「次はもっとがんばるぞ！」などと目標を立てたりするようになる。親の期待だってひしひと感じている。「親を喜ばせたい」という気持ちも当然もっている。しかし、親が「結果がすべて」と思っていたら、これらの成長は合格という形でしか報われません。

「いま、ここ」での子供の努力と成長に目を向け、励ますことを、中学受験を志す子の親は忘れてはなりません。それを忘れなければ、前述の母親の言葉通り、合否が怖くなるはずです。「成績が上がってほしい」と切実に願う一方で、「成績が上がらなくても、この子が精一杯がんばって力を出し切れるのなら結果はどうでもいい」と心の底から思えるようになる不思議な体験をするはずです。

それはすなわち、ありのままの子供を受け入れられるようになるという意味でもあります。それが、親子で中学受験を経験することの最大の効能だと私は考えています。

●中学受験生の親がもつべき心構え④
わが子の才能を最大限に評価するモノサシを持つ

同じように勉強しているはずなのに、わが子よりもよその子のほうが成績が良かったりすると、悔しくなるかもしれません。悲しくなるかもしれません。

「やり方が悪いのだろうか」「どうやったらあの子よりいい成績をとらせてあげることができるのだろうか」。親は思い悩み、「頭が良くなる系」の雑誌や本に手を伸ばすかもしれませんが、それで効果が出るのなら、世の中とっくに「頭がいい子」だらけになっているはずです。

ひとはそれぞれ、生まれつきもっている才能が違うといえば違う。そしてそれらは、一つのモノサシで優劣をつけ、並べられるものではありません。マラソン選手と、短距離走選手と、どちらの運動能力が高いのかと問われても、それを比べるモノサシがないのと同じです。

一般的なペーパーテストの点数に表れる「学力」とは、記憶力、思考力、表現力など、実はさまざまな個別の能力の最大公約数的な数値です。バランスがとれている子供のほうが高く出る傾向があります。逆に、どこか一部が天才的に突出していても、テストの点数には表れにくい。

テストの点数に象徴される「学力」は、その子の能力を推し量るひとつの目安にはなりますが、それがその子供の才能のすべてを言い表しているわけではないことは言うまでもないでしょう。

であるならば、親がまずすべきことは、わが子の才能を最大限に評価できる独自のモノサシを持つことではないでしょうか。社会一般に用いられているモノサシでわが子を測り一喜一憂するのではなしに。

毎日コツコツがんばる力、良くない成績にも凹まない明るさ、難問にも果敢に食らいつくガッツ、自分が勉強で疲れているのに親のことまで気遣う優しさ、つらいときにはつらいと言える素直さ……。よその子に負けない才能をたくさん見つけ、中学受験という機会を通してそれをさらに伸ばしていることに常に注目してあげましょう。

そうすれば、よその子と比べたりしようとも思わなくなるはずです。

●中学受験生の親がもつべき心構え⑤

第一志望以外はすべて第二志望だと考える

「第二志望合格ならまだいい。第三志望もダメ、第四志望もダメとなったらどう考えればいいのか」という指摘もあるでしょう。これにはちょっとしたコツがあります。

第一志望は、子供のモチベーションを高める憧れの学校。でも、それ以外はすべて第二志望と考えるのです。

詭弁に聞こえるかもしれません。たしかに模試を受ければ第一志望から順に志望校を記入することになります。しかし、それを偏差値順に書かなければいけないという決まりはありません。

「この学校もいいね。こっちの学校も良さそうだね」などと、受験するどの学校にも入りたい気持ちを盛り上げるのが親の役割です。文化祭やオープンキャンパスに参加して、各学校のいいところをたくさん見せれば、子供には偏差値表など見せなくてもいいでしょう。「ぜんぶ受かっちゃったらどこに行くか迷っちゃうね」などとのんきなことを言っていればいいのです。

実際、私はこれまでたくさんの学校を取材してきました。その経験から断言できます。偏差値が5や10違ったって、教育内容に大した差はありません。長い歴史のなかで生き残ってきた私立の学校は、総じてどこの学校も恵まれた環境であり、いい学校です。

「これからはグローバル。世界のどこへ行っても通用する人間にならなければいけない」と言われているにもかかわらず、狭い日本の一部地域に密集する中高一貫校のなかで「こっちの学校はいいけれど、この学校じゃダメ」だなんて言っているようでは、それこそ先が思いやられるというものです。

「結局同じ大学」では意味がない？

中学受験をするという選択に対して「これからの世の中では学歴なんて何の役にも立たないのに、なぜ小学生のうちから塾に通って学歴を気にしなければいけないのか」と言うひとがときどきいます。

一方でこんな意見もあります。「最近は公立高校の進学実績も復活している。お金をかけないで公立高校に進んで、そこから東大に行くほうがコスパがいい」とか「同じ小学校から中学受験をして私立中学校に進んだ子と、地元の中学校に進んだ子が、結局同じ大学で同じクラスになったらしい。だとしたら中学受験をする意味がない」など。

矛盾を感じませんか？　一方では学歴主義的思考を批判しながら、一方では子供の進路を学歴によって評価しているのです。これがよくある中学受験批判の矛盾です。そもそも「中学受験をして〝いい学校〟に進むことは、〝いい大学〟に進むためだ」という思い込みが間違っているのです。

「中学受験で中途半端な学校に行くくらいなら、高校受験で〝いい高校〟に行ったほうがいい」。晩熟な子供に対しては、「中学生になればきっと伸びるから、高校受験でがんばったほうが結果的に〝いい高校〟に行ける」というアドバイスもときどき聞きます。

この場合の〝いい高校〟とはたいていの場合、偏差値が高くて大学進学実績のいい高校という意味です。高校を、〝いい大学〟に入るための〝足場〟として見ているのでしょう。中学受験で力を発揮できず、下手に悪い〝足場〟に身を置くよりは、高校受験で良い〝足場〟を得る可能性にかけたほうがいいという損得勘定が働いていることは理解できます。

しかしそもそも、中学受験をする目的は、大学受験のための良い〝足場〟を得るためなのでしょうか。そういう意味もないとはいえませんが、それだけではありません。中学受験とは、大学進学から逆算してするものではなく、思春期という多感な時期を過ごす環境を自分で選ぶためにすることだと私は思っています。

地元の公立中学の水がその子に合っているのならラッキーです。中学受験などせずに、その中学に進めばいい。しかしそうでないのなら、中学受験という選択には、自らに合う水を求める意味があるといえます。

約300の学校が1つの巨大な教育システム

私立中高一貫校には、それぞれに個性があります。男子校もあれば、女子校もあれば、共学校もあります。キリスト教系の学校もあれば、仏教系の学校もあれば、実業家がつくった学校もあります。スポーツが盛んな学校もあれば、各種コンクールやコンテストの上位常連校もあります。もちろん大学進学実績で有名な学校もあれば、付属の大学への内部進学を前提にしてゆとりある教育をしている学校もあります。

中学受験をするということは、それだけある豊富な選択肢のなかから、自分が多感な思春期を過ごす環境を自分の力で選びとるということにほかなりません。「あなたはここで中学時代を過ごしなさい」と役所から指定されるのではなく、自分から、自分が過ごす学舎を選ぶという意味が大きい。

こんなたとえをしてもいいでしょう。落語家を目指す若者が、師匠を選ぶようなものです。「あのひとのような落語家になりたい」という目標があるからこそ、落語家を目指す。そしてその落語家に「弟子にしてください」と懇願する。職業紹介所に行って、「落語家になりたいんですけど、どこかいい師匠を紹介してください」というひとはいないはずです。

いちばん人気でいちばん稼いでいる落語家がいちばんいい師匠とも限りません。「あのひとみたいになりたい」と純粋に思える師匠に師事しなければ長くてつらい修業に耐えられません。

学校選びも同じです。大学進学実績が良くて偏差値も高い学校には、本当にいい学校が多いのは間違いありません。しかし、大学進学実績や偏差値だけで学校を選ぶことは、年収や肩書きだけで人間を評価するようなもの。浅はかです。

そのような考え方では、もっと大学進学実績が良くてもっと偏差値が高い学校があったら、常に「自分は負けている」と感じることになるでしょう。常に他人と比較することでしか自分を評価できず、いつまでたっても一人の自立した人間にはなれません。教育効果としては最悪です。

さらに言うならば、もし〝いい大学〟に行くことが至上目標であるのなら、いっそのこと学校なんて最初から通わず、大学受験対策に特化した塾や予備校に通い詰めたほうが効率がいいでしょう。そこで中高6年間、毎日入試対策ばかりしていれば、大抵の大学には合格できるはずです。

しかしそんなことをして何の意味があるのでしょうか。そう考えてみると、〝いい大学〟への進学を目的として中学受験をすることや学校を選ぶことが、いかにナンセンスであるかがわかるのではないでしょうか。

ましてや親の見栄のために、偏差値の高い学校に子供を通わせようとすることなど愚の骨頂。子供は親の成果物ではありません。

首都圏には約３００の私立中高一貫校があります。さらに国立、公立の中高一貫校もあります。現在、首都圏の中高一貫校は、それらすべてを合わせて巨大な1つの「個性×習熟度」別の教育システムになっていると私はとらえています。

そのなかに必ず、完璧とまではいかなくても、子供が生き生きと思春期を過ごすことのできる学校が見つかるはずです。そして中学受験勉強から中学入試本番に至るそのプロセスそのものが、その子が通うべき学校にたどり着くための巨大な適性見極め装置なのです。

わが子がわが子なりに努力を続け、本番でもそれなりに力を発揮することができれば、必ずわが子に合った学校にたどり着けるようになっているのですから、無理したり、焦ったりする必要は全然ないのです。

【必笑Q＆A】

Q 出来のいい子ですが、私はダメ母。中学受験ができるでしょうか？

息子はまだ小2ですが、無料の全国模試で良い成績がとれました。サッカーのセレクションで良い成績だったらサッカークラブに入れるのと同じという発想で、大手中学受験塾に通い始めました。本人は「ノーベル賞をとる」「お医者さんになりたい」「御三家に行く」とやる気満々です。

期待が膨らむ一方で、私に中学受験生の親なんてできるのかと不安もいっぱいです。こんなダメ母にアドバイスをください。

A どんどん応援しましょう！　ダメ母くらいがちょうどいい。

成績が良くて、楽しく通塾。小学2年生にして「ノーベル賞がとりたい」「お医者さんになりたい」「御三家に行きたい」って、「意識高すぎでしょう！」ってツッコミがあちらこちらから聞こえてきそうなくらいうらやましい状況ですね。「塾に行ってもなかなかやる気を出してくれなくって……」という親御さんたちからは羨《せん》望《ぼう》を通り越して妬《ねた》みのまなざしを受けてしまうかもしれませんね。

たしかにこれがサッカーのセレクションなら、サッカークラブに入れますものね。本人がやる気なのであればどんどん応援してあげればいいと思います。

中学受験で苦しくなるのは、親ばっかりが前のめりになって子供本人のやる気が追いついていない場合がほとんどです。本人にやる気があるのなら、それがなによりの安心材料です。

プリントの整理などのお手伝いが必要になることはありますが、親が勉強を教えなければいけないということはありません。むしろ「下手に教えないでください」と塾からは言われるものです。

お母様はいまの調子のまま、息子さんのやる気をサポートする立ち位置に徹すればいいのではないでしょうか。中学受験の子供をサポートするには「ダメ母」くらいでちょうどいいのです。

ただし、低学年から塾に通い、効率の良い勉強に慣れてしまっていると、テストの点数をとることばかりうまくなってしまい、高学年になってから伸び悩むということもあります。目先のテストの点数にとらわれすぎないように気を付けましょう。

Q 中学受験か高校受験かで夫婦が対立。大学入試はどちらが有利ですか?

小2の息子がいます。中学受験をするかどうかで、夫婦の意見がわかれています。私は中学受験をして私立中高一貫校で6年間を過ごしました。夫は地方で公立中から県立のトップ校に進み、大学受験も成功しました。

現在私たち家族は東京に住んでいるのですから、中学受験をして名門校に通わせるのが当然だと思っていたのですが、夫は「男の子なんだから、公立でたくましく育てるべき」と考えていたようです。喧嘩になってしまいました。

「大学入試改革も予定されているから、息子が大学受験するころには私立優位も終わっている」と夫は言うのですが、本当でしょうか?

A 大学入試改革について大方の予測では「中高一貫校が有利になる」です。

ご夫婦で中学受験をするかしないかの判断が分かれることはよくあることです。

特に父親が地方の公立進学校出身の場合が多い。相手の考えを否定したりせず、お互いの考えを「聴き合う」態度が大切です。

中学受験勉強を始めるなら、小3の3学期くらいから塾に通い始めるのがスタンダード。そこまでに結論が出るといいですね。仮にその時点で結論が出ていないのであれば、私からのアドバイスとしては、「とりあえず塾に通ってみたら？」です。中学受験をするかしないかは後で決めればいいのですから。

いきなり深夜まで勉強させられるわけではありません。小4のうちはだいたい週2回の通塾ですみます。自宅で夕食が食べられるような授業時間を設定している塾もあります。

中学受験をしようがしまいが、どのみち勉強はしっかりしておかなければいけないのです。中学受験をしないからといってずっと遊んでいていいわけではありません。

そのうえで、「大学入試改革が実行されたらどうなるか」について簡単に触れておこうと思います。

現在議論されている2020年度以降の大学入試改革では「脱ペーパーテスト」や「脱一発勝負」という方針が打ち出されています。要するに「付け焼き刃の学力」では歯が立たないような入試にしようということです。
「付け焼き刃ではダメ」ということは、受験の直前にいくら追い込んでも逆転ができなくなるということです。学年の低いうちからしっかりと学力の土台をつくっておかなければいけないということです。そうすると、高校受験がない中高一貫校生のほうが圧倒的に有利になるだろうというのが教育関係者の大方の予測です。中高一貫校生は特に中学生のうちに、高校受験勉強に時間を奪われず、しっかりと学力の土台をつくることができるからです。お父様の推測とは逆です。

●●●

Q 子供は算数が苦手です。中学受験をあきらめたほうがいいのでしょうか?

小4の子供は算数が苦手です。塾のクラスは人数が多く、手厚いフォローはしてもらえません。かといって、夫も私も中学受験経験がなく、うまく教えられません。中学受験はあきらめたほうがいいでしょうか?

A 「算数が苦手」は、中学受験をあきらめる理由になりません。

みんながみんな塾で手厚いフォローをしてもらっているわけではありませんし、親御さんからつきっきりで勉強を教えてもらっているわけではありません。それぞれの条件のなかで、得意不得意もありながら、中学受験を経験します。お子さんだけが不利ということはありません。

算数が苦手ということは、そのほかの教科はそこそこいけるということですよね。算数が苦手な子なんてたくさんいます。それでもみんな必死に勉強して、苦手を克服したり、得意分野でカバーしたりしています。自分の実力に向き合い、あきらめず、少しでも上を目指そうとして努力をする。そのプロセス自体が中学受験を経験する意義だと私は考えています。

お子さんが算数を苦手にしているということは中学受験をあきらめる理由にはまったくならないと思いますが、お母様ご自身が中学受験を経験する意義を理解できないのであれば、中学受験はおすすめしません。何のために中学受験をするのか、中学受験という経験に何を求めるのか、いま一度考えてみてはいかがでしょうか。

●●●

Q 姉に影響されたのか、弟も受験をしたいと……。でも、どこまで本気？

娘は現在、最難関校の中1です。小5から大手中学受験塾に通い、合格間違いなしと言われて、合格しました。手のかからない子でした。

一方、小4の息子は、お姉ちゃんとはタイプが違います。男の子だからなのか、お姉ちゃんと比べると成長が大分遅いように感じます。夫も私も「この子はきっと大器晩成型だから小学生のうちはのびのびさせて、高校受験で勝負させよう」ということで意見が一致していました。

しかしその息子が最近、中学受験をしたいと言い出しました。「どうして僕は塾に通わせてくれないの？」と。でもどこまで本気なのか、わかりません。どう判断したらいいでしょう？

A 中学受験の目的はさまざま。でも、学歴のための損得勘定では決めないでください。

娘さんと息子さんのそれぞれの性格を冷静に見て、的確な判断をされているのですね。きっとご夫婦もよく話し合い、安定したご家庭で子育てができているのだと思います。すばらしいと思います。

お姉ちゃん、すごいですね。そういうお子さんはいるんですよね。努力すればみんながそうなれるということでもないと思います。そういう才能を存分に引き出してあげることのできるご夫婦なのだろうと思います。

そして息子さん。自分から中学受験をしたいと言い出すなんて、頼もしいですね。自分の未来に意志をもってのぞんでいるということですから、その芽も摘み取りたくはないですよね。

まずは息子さんとじっくり話し合うことが大事ではないでしょうか。1度ではなく、何度か回を重ねてもいいかもしれません。息子さんがなぜ中学受験をしたいと思うのか、そしてご両親がなぜ中学受験を回避したほうがいいと思うのか、論点をはっきりさせたらいいと思います。

これは単なる推測ですが、ひょっとしたら、ご両親は、遅咲きの可能性が高い息子さんの場合、高校受験をしたほうが偏差値の高い学校に入れると考えて、中学受験を回避しようとしていませんか。損得勘定をしていませんか。だとしたら、ちょっと冷静に考えてみてください。

中学受験は、大学進学に有利な学校に入るためにするものではありません。思春期という多感な時期を過ごす環境を、自分自身で選ぶことです。自分に適した環境を得られなかったら、伸びるものも伸びなくなってしまう可能性だってあります。

そうやって考えたときに、息子さんの言うこととご両親の考えのどっちを優先すべきか、じっくり話し合ってみたらいかがでしょうか。

●●●

Q 御三家以外はダメという夫を説得するには、どうしたらいいでしょうか？

夫の親族はみんな私立名門校出身です。そのため夫は、私たちの子供も御三家かそれと同等の中学に入らなくてはいけないと言います。でも、現在小5の息子の成績で狙えるのは偏差値55からせいぜい60くらいの学校だと、塾の先生からは言われています。

息子は一生懸命勉強していると、いつも近くで見ている私は思います。でも夫は仕事が忙しく、現実がわかっていません。「自分の子だからできるはず。結果が出ていないのは、母親の勉強のさせ方が悪いからだ」と私を責めます。先日の模試のあと、「ダメなら中学受験はやめろ」と夫は言いました。

でも息子には行きたい学校があります。偏差値も合格圏内です。私もいい学校だと思っています。夫にこのことを理解してもらうにはどうしたらいいでしょうか？

A　「太陽と北風」の手法で、お父様の考えを最後まで聞いてください。説得できるとしたら、そこからです。

５年生にしてすでに、お子さん自身に「行きたい学校」があるというのであれば、それはすばらしいことです。

私の個人的価値観としては、「御三家クラスの学校でなければ中学受験する意味がない」とはまったく思いません。さらに言えば、お父様が「自分や親戚もみんなそうだから」という理由で息子さんにも同じ道を歩ませようと考えるのも、私にはナンセンスに感じられます。

世界中が敵になろうとも、子供や妻の味方をするというのが父親の役割ではないかと私は思いますが、現在のお父様の考え方は逆のようです。中学受験の結果がどんな結果であれ、息子さんのがんばりそのものを誇りに思ってくれるように、お父様が視野を広げてくれればいいのですが……。

しかし、結論から言えば、お父様の考えを変えるというのはかなり難しいでしょう。過去と他人は変えられません。

それでもなんとか……というのであれば、次のような対応が考えられます。

まずはお母様の考えをストレートにぶつけることが大切です。本音を言い合うことが、問題解消の第一歩ですから。そしてそれはすでに試みたわけですよね。そこまではOKです。しかし、それ以上どんなに正論をぶつけても、お父様はますます頑《かたく》なになるだけでしょう。「あなたは見ていないからわからないのよ！」というような指摘も、お父様の態度を硬化させるだけでしょう。

ではどうするか。「太陽と北風」です。

まずはお父様の考えを最後まで聞いて、理解を示してあげてください。自分が理解されているという安心感があってこそ、ひとは他人の考えを受け入れる心の余裕をもてるようになります。そのうえで、この状況に対してどうしたらいいと思うか、お父様の考えを聞いてください。

お父様の発言を否定したくなるシーンもあるかと思いますが、ぐっと我慢です。それ以上議論はせず、話を聞いておしまいにしてください。お父様の胸の内を一度すべて吐き出してもらうことが目的です。そうすることで、お父様の視野が自然に広がるはずです。お父様が考えを変える可能性があるとすれば、そこからです。

結果、変化するかもしれませんし、変化しないかもしれません。変化するとしても、どれくらい時間がかかるかはわかりません。その間、お母様もつらい思いをさせるかもしれませんが、いままで同様、息子さんを守ってあげてください。

それは、お母様にとっても息子さんにとっても、そしてお父様にとってもストレスフルな状況だと思います。しかしこれも、家族が成長していくために与えられた課題なのだろうと思います。

お父様はいまだにご自身の出身家族の価値観にとらわれて、自分自身の新しい家族に独自の価値観を築き上げられていないように見えます。

中学受験という機会を通して、家族がぶつかり合い、家族それぞれが自分の価値観とも向き合うことになるのです。苦しい時期も多いでしょうが、それを乗り越えたときに、家族はさらに強い絆で結ばれるようになります。それも中学受験という選択がもたらす恩恵のひとつだと私は思います。

Q この春6年になる娘。受験勉強させずに、中学受験させていいでしょうか？

姑から、小6の娘に中学受験をさせたらどうかと言われています。A中学か、ダメでもB中学と、学校まで指定してきます。娘は現在、近所の補習塾に通っていますが、母親の私としては中学受験なんて選択は考えてもいませんでした。姑がすすめる学校の偏差値は60くらいと55くらいの2校。娘は学校ではいつも二重丸ばかりですし、テストもいつも80点以上ですからどちらかには入れそうな気がします。

いまの塾に通い、ピアノも続けながら、中学受験させても良いものでしょうか？

A 現実的ではありません。偏差値55、60はかなりの難易度。小学校の二重丸とはレベルが違います。

公立の中学に通わせるのが心配で、お孫さんに私立中学をすすめるというお姿様の気持ちはわからなくもありません。地元の公立には行かせたくないというのなら、中学受験をするというのもひとつの選択肢です。

ただ、A中学かB中学かという志望校を最初から決めてしまうのは、私はおすすめしません。そのような気持ちで中学受験にのぞむと、もしそこに入れなかった場合、中学受験勉強のすべてが無駄だったように思えてしまいますから。

実際、偏差値55や60というのは、かなりの難易度の学校です。小学校の二重丸とはレベルが違います。中学受験はそれほど甘いものではありません。

そして、いざ、中学受験をするのであれば、「受験勉強をさせず」というのは現実的ではありません。いまお通いの塾でも、「いまから受験をしたい」と伝えれば、それなりの対応はしてくれるかもしれませんし、ピアノを続けることも不可能とは言い切れませんが、それでもかなりの勉強をしなければいけなくなるでしょう。4年生、5年生の間、ほかの子供たちは必死に勉強してきたわけですから。

実際、お嬢さんがどの程度の学力なのか、私にはわかりません。その点については、まずはお通いの塾の先生に相談してみるのがいいと思います。そのうえで、中学受験をするには、それ相応の覚悟が必要であることは申し上げておきます。中途半端な気持ちでは、おすすめしません。

第2章

塾に頼っても、塾に振り回されない

中学受験勉強はゴールのわからないマラソン

小学3年生の2月から塾に通い始めるのが、現在の中学受験の最もオーソドックスなパターン。つまり中学受験勉強はちょうど3年間におよぶ長丁場の試練となります。

たとえるならば、小学生にとって、ゴールまでの距離がわからないマラソンです。ひとりで走り続けたら、きっと肉体よりも先に精神がやられてしまうでしょう。「何かをしなければいけないプレッシャーをひしひしと感じながら、でも具体的に何をしていいのかが明確になっていない」というのは、人間にとって非常につらいことだからです。

そこで、現在地からゴールまでの距離と方角を知っていて、期限までの日数からペース配分を考えてくれる「コーチ」が必要となります。それが中学受験塾の役割です。

ゴールまでの距離も方角もわからない小学生に対し、コーチは毎日、「とりあえず今日はあそこの電信柱まで全力疾走してみよう!」などと指示を出します。小学生は「うん、わかった!」と、夢中になって電信柱を目指します。

近くに見えていた電信柱が意外と遠くにあることもある。途中で転んでしまうこともある。なんだか調子が悪く、上手く走れないときもある。

戸惑いながら走る小学生に対してコーチは、「今日はうまく走れていたよ！」とか「あれ？　今日は何だか元気がなかったね」などと声をかけながら、「じゃあ、明日はあそこの橋のたもとを目指そうね」などと、新たな目標を常に与えます。常にゴールまでの距離を念頭に置きつつ、そのときどきの子供の体力ややる気も考慮して、臨機応変に短期目標を設定してあげるのです。

子供はとりあえず先のことは考えず、与えられた目標に向かって一生懸命走ればいい。コーチは、それを毎日続けることで、いつの間にかとてつもない距離を子供に走破させ、子供の目にもゴールが見える場所まで導き、最後は子供自らがゴールに向かってラストスパートします。それが中学入試本番までの3年間なのです。

本当にキツイのはラストスパートです。そこだけを切り取ると、中学受験は過酷なレースに見えます。しかし少なくともラストスパートまでの道のりは、ペースを守り、毎日着実に前に進むことが大切です。怪我をしないように気をつけながらできるだけ前進させ、同時に、ラストスパートのときに必要になる脚力を鍛え上げる。優秀なコーチは、そのための絶妙なさじ加減で短期目標を与えてくれます。長年の経験と客観的な視点がなせるプロの技です。

小さな目標であっても、達成すれば達成感が味わえる。ひとの脳は達成感を覚えるとさらにその快感を求めるようになる性質をもっている。もっと達成したくなるのです。そうやってやる気に火が付きます。目標は小さければ小さいほど達成感を味わう回数が増え、それだけやる気になるチャンスが増えます。「がんばればできる！」という自己肯定感も育つ。毎週の課題をこなし、いつしか中学入試本番に十分に挑めるだけの学力が身に付いたと自覚できたとき、「千里の道も一歩から」を実感できる。

中学受験勉強は、入試後に得られる中高6年一貫教育という恵まれた教育環境のために仕方なく行う苦役のように思われがちですが、うまく導いてあげさえすれば、入試本番に至るまでの約3年間で、子供は内面的に大きく成長します。それだけでも中学受験勉強をする価値があるといえます。

スモールステップの設定に塾の思想が表れる

志望校合格という長期目標をどういう基準で小さな目標に切り分けるのか、どういう動機付けでそれに取り組ませるのか、達成感はどんな形で味わわせるのか。つまりスモールステップの設定の仕方に各塾の思想の違いが表れます。

大きく分ければ2種類。それぞれの思想を説明しましょう。

●中学受験塾のスモールステップ①
「週テスト」形式

中学受験業界においてもっとも有名なスモールステップのしくみが、四谷大塚の「週テスト」です。「週テスト」に備えるためのテキストが、これまた中学受験業界では最も有名な「予習シリーズ」というテキストです。

「予習シリーズ」は1週間ごとに単元が組まれており、その1週間分の単元のなかから「週テスト」の問題が構成されます。

中学入試本番で必要になる知識や解法は膨大な量になりますが、それを1週間単位の小分けにして、確実に毎週1つずつ勉強します。しっかり理解できているかどうかは毎週末のテストで試されます。新小4年（小3の2月）から6年生の入試本番まで、余計なことは考えずとりあえず目の前のテストのために勉強すれば、いつの間にか中学受験に必要なすべてが学べるしくみになっているのです。

「毎週末テストがある」ことについては昔から、「小学生なのにかわいそう」という批判があります。でも、「がんばればいい点がとれる。がんばらなければやっぱりダメ」、その単純明快な目標設定が、小学生にはわかりやすい。「週テスト」という「区切り」があるからがんばれる。それがある意味で、大きすぎる目標を一度に視野に入れることができない小学生への思いやりなのです。

四谷大塚が考案したスモールステップは、中学入試において絶大な効果を発揮し、1980年代にはすでに中学入試対策のスタンダードとなりました。

ちなみに、「予習シリーズ」によく似た「中学受験新演習」というテキストもあります。こちらは栄光ゼミナールのグループ会社のエデュケーショナルネットワークという教材会社が制作しています。

これは、もともとは「私国立中受験新演習」という教材でした。かつて「予習シリーズ」には高学力層向けの補完教材しか用意されていなかったので、基礎レベルの内容を充実させるためにつくられた補助的教材だったのです。

ところが「予習シリーズ」は2012年に大改訂しました。元来6年の1学期まででやっていたことを5年修了時までに終えるハイスピードカリキュラムに組み替え、取り扱う問題の難易度も格段に上がりました。そのときにエデュケーショナルネットワークは、「私国立中受験新演習」を新しい「予習シリーズ」に合わせて改訂するのではなく、元のスピードと難易度のままで改訂し、「中学受験新演習」としました。言ってみれば、年々進行する最難関校対策の過当競争にあえて付き合わず、「ここまでできれば小学生として上出来でしょう」というレベルを据え置きしたのです。

現在、栄光ゼミナールのほか、新しい「予習シリーズ」ではレベルが高すぎるという塾のメイン教材として採用されています。

「予習シリーズ」より易しいとはいっても侮ってはいけません。「予習シリーズ」を消化できるのは、御三家クラスを狙うごく一部の受験生だけ。そのほか多くの中学受験生にとっては「中学受験新演習」で十分。いや、「中学受験新演習」がちょうどいい。どうしても御三家クラスを狙いたいというのなら「予習シリーズ」を使っている塾に行けばいいのですが、そうでないのなら、子供に負荷をかけすぎないようにあえて「中学受験新演習」を採用している塾を選ぶのも賢い方法です。

逆に言えば、もし「予習シリーズ」を使っている塾に行くのなら、大多数の子供にとって、そのすべてをやる必要はないということ。大人がうまく間引いてやらないと、まじめな子ほど消化不良を起こしてしまうかもしれません。

やり残しがあると親は不安になります。しかしどこの塾のカリキュラムも似たような単元をくり返し学ぶ「スパイラル方式」になっているので、大事な単元は何度でもくり返し出てきます。たとえ1度スキップしてしまっても、リカバーのチャンスはまたやってきます。逆に2度と出てこない単元は重要ではないということなので、できないまま先に進んでしまっても、さほど気にすることはありません。

●中学受験塾のスモールステップ②
「復習主義」形式

1990年代に遅れて台頭してきたもう一つのスモールステップは、サピックスや浜学園が採用している「復習主義」です。いまはどちらかといえば、こちらのスタイルを採用している塾に勢いがあります。

4教科まとめての「週テスト」がない代わりに、前週の授業内容の理解度を、翌週の授業の冒頭に行う「確認テスト」で測ります。授業前の予習は不要で、授業で習ったことを家に帰ってから反復練習することに重点を置くので、一般的に「復習主義」と呼ばれます。

復習主義の場合は、反復練習量こそがものをいうので、宿題が多くなる傾向があります。やりきれないくらいの宿題がドンと与えられて、できるところまでやってくるというスタイルです。

「山のような宿題を出される」ということにはこれまた「小学生なのにかわいそう」という批判があります。しかし実はこれも、遠くにある目標を意識することが難しい小学生への思いやりなのです。

とにかく目の前に与えられている山盛りの宿題を、できるところまでこなせばいい。そのことだけに集中すれば、余計なことは考えなくていい。まるでテレビ番組の大食い選手権です。ただしここでも、消化不良を起こさないように、大人が優先順位をつけながら適量を指示してあげることが前提となります。

また、各教科の「確認テスト」までは毎週必ず1週間の時間が確保できるので、毎日決まった時間に決まった量の宿題をこなせば、学習をルーティン化できる。学習サイクルをルーティン化してしまえば、余計な精神的エネルギーを消費することなく大量の宿題をこなせるようになる。そういうメリットもあります。

あえて違いを強調すれば、「週テスト」方式が「メリハリタイプ」の子供に合っていて、「大量の宿題」方式は「コツコツタイプ」の子供に合っているといえるかもしれません。実際には2週に1度「隔週テスト」を行うことで、2つの方式の中庸といえるしくみを採用している塾や、「週テスト」と「大量の宿題」の両方を課す塾もあります。

塾という第三者の存在が親子のメンタル面を支える

できる範囲での無理のない対策で入れるところに入ろうというのであれば、塾に通わずに受験してみるという方法もないわけではありません。首都圏では、私立中学の募集定員の総数が中学受験生の総数を上回っており、理論上、選り好みしなければどこかの中学には入れるはずですから。

しかし難関中学を目指すというのなら、子供の地頭がよほど良いのでない限り、塾をまったく利用しない中学受験は現実的ではありません。

いくら学校の成績がいいからといって地頭のみで中学受験に挑むことは、腕力に自信のある大男が、力任せに竹刀を振り回すのと似ています。剣道の有段者と相対すれば、いとも簡単に負けてしまうでしょう。いくら腕っ節に自信があっても、日々の鍛練を重ね、しっかりとした型を身に付けたひとにはかなわないのです。

ちなみに、中学受験勉強における知識の詰め込みは、スポーツ選手がむやみやたらに筋力トレーニングをするのに似ています。見た目には強そうですが、その巨大な筋肉をなめらかに使いこなす術《すべ》が身に付いていなければ、宝の持ち腐れ。

中学受験勉強では、たしかに覚えなければいけないこともたくさんありますが、それはあくまでも思考の前提となる知識です。塾の教室で時間をかけて教えることはむしろ、その知識を無駄なく活用する方法であり、特に難関校入試ではその力量が合否を分けるのです。

言い換えれば、塾での勉強は、単なる知識の詰め込みではなく、知識をなめらかに活用する訓練ということになる。各中学受験塾が口をそろえて「受験突破のみならず、将来役に立つ本当の学力を身に付けさせる」とか「志望校に入学してからも伸びる子を育てたい」などと表明しているのは、決して嘘ではないのです。

世の中には塾に通わず中学受験をし、見事難関校に合格したという〝美談〟もあります。しかしそれは非常に危険な賭けです。合格・不合格を賭けているのではありません。プロの力を借りない中学受験では、親子に、特に子供に、多大な負荷がかかる危険性があるのです。

塾からのサポートなしで受験勉強に耐えることは、精神的によほど強靱な親子でないと難しいでしょう。親が教えようとしても、心理的距離が近すぎて、客観的なかかわりができません。多くの場合、親が子供を必要以上に追いつめ、傷つけてしまうでしょう。親自身も、塾からの客観的な情報提供や心理的サポートがなければ精神的にもちません。その最悪の事態を避けるため、何らかの形でプロの力を借りることを、私は強くおすすめします。中学受験塾によるメンタル面でのサポート機能を、過小評価すべきではありません。

親子という密接すぎる人間関係に塾という第三者が介入するからこそ安定したトライアングルが形成され、中学受験という困難な道を歩むことができるようになるのです。

塾によるメンタル面でのサポート機能は大きく分けて2つあると考えられます。

●塾の隠れた役割①

成績には表れないがんばりも評価してくれる

「週テスト」対策をしたり「大量の宿題」をこなしたりしていても、なかなか結果に表れないことがあるのが中学受験勉強です。自分だけじゃなく、まわりの子供たちもみんながんばっているので、自分が100がんばっていたとしてもまわりが105がんばっていたら、置いていかれてしまうのは当然です。でも自分だけ置いていかれてしまったら、大人だって心が折れてしまうはずです。

そこで、テストの点数という「結果」だけでなく「プロセス」に焦点を当てて評価するしくみも、中学受験塾には必要であり、実際に多くの塾が何らかの形でそのようなしくみを用意しています。努力に対して与えられるシール帳や表彰制度、あるいは学習記録帳や頻繁な電話連絡などを通してのコミュニケーションなどです。

ささいなところに思えるかもしれませんが、そこを見ることで、「できる子をさらに伸ばす」だけでなく「うまくいかなくてつらい思いをしている子を励まし続ける」ことをどれだけ大事にしている塾かがわかります。

また、成果の出ない状況が続けば、保護者も不安になります。わが子が努力しているのにそれが報われていないのだとしたら、親としてはいてもたってもいられません。そんなときには塾と親とのコミュニケーションが大切です。

どうして努力が成果に表れないのか、早急に情報を共有し、課題を発見し、手当の方法を考える必要があります。それですぐに成績が上向くとは限らないにしても「手を尽くしてくれている」と具体的に感じられることが重要です。

親の立場からしてみれば、授業のあとに電話をもらって、「今日の授業ではものすごく集中していました。理解度も高かったと思います。このところ結果が出ないことが続いていますが、今後のテストでは期待がもてると思います」と一言言ってもらえるだけでも気持ちが落ち着くというものです。

このように、スモールステップの成果が思わしくない場合でも、生徒および保護者になんらかの「手ごたえ」をフィードバックする役割が塾にはあります。ここまでして親子を支えるようにできているのです。

●塾の隠れた役割②

子供のやる気を喚起してくれる

コーチが短期目標を設定し、クリアさせ、それをくり返すことでゴールの近くまで導き、最後は子供自らがゴールを見出し、ラストスパートする。それが中学入試本番までの3年間だと前述しました。しかし子供の視力には個人差があります。

目がいい子は遠くからゴールを視野にとらえることができるので、早い時点から自らゴールを目指すことができます。目の悪い子だと、なかなかゴールに気付けないかもしれません。この場合の目の良し悪しとは、目的意識のことです。

そこで、目の悪い子には少し遠くの風景を眺めさせ、少しでも目を良くするような意欲喚起教育を行う塾もあります。そうして自分のゴールがどこにあるのか、少しでも早く気付いてもらうようにするのです。テストの点数をとらせるだけでなく、目的意識を盛り上げ、やる気を引き出すのも、コーチの重要な役割なのです。

塾の先生は、他人だからこそ、親がわが子には言えないような臭いセリフを言うことができますし、親が見過ごしがちな子供の成長に気付いてもあげられます。多くの塾で導入している「自ら学ぶ子」を育てるための意欲喚起系の取り組みは、家庭ではなかなかできないものばかりです。親子の間ではどうしてもお互いに照れや遠慮が入ってしまうからです。

塾はただ子供に勉強をさせるだけの場所ではありません。親にはできない、学校にもできない教育を、与えてくれるところでもあるのです。

意欲喚起としてもう一つ忘れてはならないのが、「塾友」の存在です。

親や塾の先生がけしかけても子供のやる気スイッチはなかなか入りません。やる気スイッチが入るいちばんのきっかけは実はお友達の存在なのです。塾で机を並べて切磋琢磨するなかで、「よし、自分ももっとがんばろう」という欲が湧いてくる。これぞ集団塾に通う最大のメリットといってもいいでしょう。

最難関対策を得意とする大手塾での過当競争

中学入試合格実績においては、圧倒的に大手塾の寡占状態が続いています。推計によれば、首都圏にある私立・国立・公立中高一貫校の総合格者数のうち、大手上位6塾からの合格者数が約9割に上ります。中学受験をするのなら、「とりあえず大手塾」というのが無難な選択といえます。

何かを選ぶとき、よほどのこだわりがあったり選択眼に自信があったりしない限り、とりあえず人気商品のなかから選ぶというのは決して間違った方法ではありません。「みんなも選んでいるのだから、まあ大丈夫でしょう」という安心感が得られることが、大手塾という選択の最大のメリットです。

問題は、人気商品のなかからさらにどれを選ぶか。

塾の合格実績というと、御三家をはじめとする最難関校の合格者数ばかりが注目されますが、そのようなハイエンドな学校への合格者数が多い塾が万人に合うとは限りません。塾にも得意分野があるからです。開成や灘、桜蔭などの最難関校に強い塾もあれば、いわゆる中堅校に強い塾もあります。

たとえば首都圏ではサピックスが最難関校に圧倒的な強さを誇っています。次にその層に強いのが早稲田アカデミー。日能研と四谷大塚はそれよりももう少し下の層に多くの合格者を出しており、栄光ゼミナールと市進学院はさらにその下の層が多い。関西では浜学園が最難関校に強い。日能研、馬渕教室、能開センターがそれに継ぐ。希学園は少数精鋭で最難関校をターゲットにする塾です。

しかし、小学3年生の時点でわが子の学力を客観的にわかっている親などほとんどいないでしょう。ほとんどの親が「もしかしたらうちの子、開成に入れちゃうかも」とか「桜蔭だって夢じゃない！」などと、大きな期待と希望を抱いているものです。努力次第で今後伸びていく可能性は十分あり、そのために塾に行くわけです。

すると当然、最難関校に多数の合格者を出している塾に生徒が集まります。ところが実際に中学受験勉強が始まってしばらくすると、だんだんと現実がわかってきます。そう簡単に偏差値やクラスは上がらないのです。自分なりに一生懸命がんばっていても、まわりも自分と同じようにがんばっていれば、残念ながら偏差値は上がりません。

また、大手塾のテキストやカリキュラムは、基本的に上位クラスに合わせて設計されています。しかも、塾としても難関校に合格する可能性のある生徒を手厚く扱うのが現実です。わが子の学力と塾のレベルに大きな差がある場合、塾のやり方についていけないどころか、消化不良を起こし、本来の実力すら発揮できなくなる場合もあります。

これが、最難関校対策を得意とする大手塾で、わが子の学力をはるかに超えた過当競争に巻き込まれてしまうことのリスクです。

塾に入る前に、わが子の学力を客観的に知る方法としては、最近流行の無料模試が挙げられます。通える範囲にある一通りの塾の入塾テストを受けてみるのもひとつの手。

そこでいい結果が出る塾とは、学力の面でも雰囲気の面でも相性がいい可能性が高いですし、何よりも気分良く通塾を始められるメリットが大きいと考えられます。

高い実績を誇る大手塾にも弱点はある

大手塾には構造的な落とし穴がたくさんあることも知っておきましょう。

大手塾の場合、校舎（塾によっては教室ともいう、いわゆる支店のこと）によってアタリハズレがあります。うまくいっている校舎にはたいてい力のある校舎長（塾によっては校長や教室長などという）がいます。校舎長がころころ変わるような塾は何かがうまくいっていないと考えられます。その意味で、大手塾を選ぶ場合、塾ブランド全体の合格実績だけでなく、校舎ごとの合格実績をたしかめることが大切です。

力のある校舎長がいる良い校舎が近くにあったとしても、担当講師に力があるかどうかはまた別の話。力のない講師や臨時のアルバイト講師に当たってしまったら、プロと呼ぶに値する指導力は期待できません。高い授業料を払っていても、「みんなと同じ大手塾のカリキュラム通りに勉強している」という安心感と、いっしょに勉強する仲間を得ているだけになってしまいます。

大手塾の場合、入塾の前に体験授業を受けて感銘を受けたとしても、その講師が実際の担当になってくれるかどうかはまったくわかりませんし、入塾当初はいい講師にあたったとしても、いつその講師が別校舎に異動してしまうかもわかりません。親がどんなに厳しい目で選んでも、アタリだったはずの選択がハズレになってしまうことがある。それが大手塾のリスクです。

また、大手塾に通っている子供の親がいちばん心配なのは、「うちの子のことちゃんと見ていてくれているのかしら？」です。特に大手塾で下のほうのクラスになってしまった場合、残念ながらこの不安が的中していることも少なくありません。

できるだけ生徒を集め、規模を拡大し、校舎を増やしていきたい状況にある大手塾にしてみれば、いちばんの「看板」は最難関校への合格実績。最難関校への合格実績を伸ばすのにいちばん手っ取り早いのは、最初から学力が高く、そのような学校に合格する可能性の高い生徒を囲い込むことです。公開模試などでそのような生徒の個人情報が手に入れば、必死に勧誘しますし、ひとたび入塾すれば絶対にやめさせないように手厚くもてなします。もともと偏差値の高い優秀な生徒を一定数集めておけば、あとは確率論的に一定の最難関校合格者数をはじき出すことができるというわけです。これも親として知っておかなければならない中学受験塾の現実です。

実際には、大手塾の下位クラスにいたとしても、現場の講師の多くができる限り親身になって指導しようとしてくれていることは間違いありませんが、一方で構造的に見れば、その塾のなかでの成績上位にいる生徒のほうが相対的に優遇されるのはやはり当然で、下位の子供たちがそれ以上に手厚い対応をしてもらえることは残念ながらあり得ないのです。それではますます成績の差が開いていってしまうでしょう。つまり逆転は起こりにくい。

大手塾に通っていて、「あれ、違うかも」「おかしいな」と感じたら、まずは担当の講師または校舎長に相談してみましょう。

子供のSOSは、最初は態度に表れます。表情に表れます。目の輝きに表れます。目の輝きが鈍ったら、SOSの初期症状だと思って、早めに塾の先生に相談するべきです。それでも保護者の気持ちを上手に受け止めることができず、具体的な解決策も示さないまま、べき論を振りかざしたり、理想論を語るに終始したりという対応なら、その塾は早めに見切ったほうがいいでしょう。かといって、ほかの大手塾ならうまくいくとも限らないわけですが……。

中小塾への転塾を検討すべきタイミングとは？

そこでもし、中学受験指導経験が豊富で力のある塾長が先頭に立って直接子供たちを指導する、個人塾あるいは中小塾が近くにあるのなら、それは、これまで見てきた大手塾の優位性を凌駕《りょうが》する、魅力的な選択肢になり得ます。

個人塾や中小塾だからといって決して楽な中学受験勉強ができるわけではありません

が、大手塾の過当競争に巻き込まれることなく、それぞれの学力に合わせた比較的マイペースな中学受験を実現できる可能性が広がります。

小さな塾であれば、担当の講師が異動してしまうという心配もほとんどありません。

中小塾に転塾することで、伸び悩んでいる子供が水を得た魚のようになって実力を発揮しはじめるというケースはよくあります。力のある塾長が、個別の生徒の抱える課題を見抜きテコ入れすれば、短期間でも、生徒本来の実力を引き出すことは不可能ではないのです。

中小塾という選択は、もちろん大手からの転塾には限りません。いい塾さえ見つかれば、最初から中小塾で中学受験に挑むという選択ももちろんありです。

「自ら学べる子」であれば、大手だろうが中小だろうが、どんな塾に行っても大丈夫。でも、大手塾では与えられたものをただこなしていくだけになってしまう子や、逆にものすごく頭が良くて、大手塾での指導に「ここまでやる必要があるのだろうか」のように本質的な疑問を感じられる子供であれば、中小塾がおすすめです。

また、難関校を志望せず、かつ、4年生からの通塾を避けたいのであれば、中学受験指導の経験が豊富な個人塾を最初から選ぶのも賢い選択です。学力と目的に応じた無理のない中学受験をカスタマイズしてもらえます。

「中学受験必笑法」の主旨にぴったりです。

ただし、いくら規模が小さくても、講師がアルバイトだったり塾講師としての経験が浅かったりしたら、大手のほうがましです。

また、難関校を目指すなら、ライバルの存在が必須なので、大手に行かせて競わせるべきでしょう。ひとは他者を意識できないとなかなか自分の壁を越えられないものです。その意味で、よほどもともとの学力が高いのでない限り、個別指導塾だけで難関校合格というのは夢物語だといってしまっていいでしょう。ただ規模が小さければいいというわけでもないのです。

良い中小塾を見分ける5つの観点

たとえるならば、大手塾は大手チェーン系のファミリーレストランのようなものです。かたや、中小塾というのは個人経営の飲食店。

チェーン系のファミレスなら、看板を見るだけでメニューやサービスの質が想像できる安心感がありますが、個人経営の飲食店の場合、実際にのれんをくぐり、自分の舌で味わってみないと良し悪しは判断できません。それが中小塾という選択のリスクです。ファミレスでは絶対に食べられないような絶品に出会える可能性がある一方で、まったく舌にあわない残念な料理が出てくる可能性もあります。

大手塾選びについては情報が溢れていますし、いろいろな専門家が塾選びの観点を提案しています。しかし中小塾については、その良し悪しに関する情報があまり出回っていません。いざ中小塾を選ぼうとしたら、それこそクチコミに頼るか、運に任せるよりほかにないのが現実です。ほとんど自力で三つ星レストランを見つけるようなものです。そこで、これまで取材したたくさんの専門家の意見と私自身の知識や経験を踏まえて、良い中小塾を見分けるチェックポイントを5つ紹介します。

●中小塾選びのポイント①

カリキュラムは明確になっているか

中学入試の動向を踏まえてオリジナルのカリキュラムを一から構成するのは、中小塾や個人塾ではまず不可能です。仮に開塾前に時間をかけて、一度はオリジナルのカリキュラムをつくりあげたとしても、自ら教壇に立ちながらそれを常にアップデートしていくことは非常に困難。つまり「オリジナルのカリキュラム」をうたう塾はまゆつばです。

現実的には「予習シリーズ」や「中学受験新演習」のようなカリキュラム教材を導入するしかありません。「予習シリーズ」は難関校向けの教材。「中学受験新演習」は上位校くらいまでの学校に合格する学力を確実に付けるのに適した教材。そのどちらかを使用している塾に限定したほうが安全でしょう。

それでももし「オリジナルのカリキュラム」をうたうのなら、カリキュラムは事前に明示されているべきです。「カリキュラムは塾長の頭の中にある」というのは「とにかく私を信じなさい」という傲慢《ごうまん》さの表れであり、最初から生徒や保護者に対して不誠実と言わざるを得ません。

●中小塾選びのポイント②
合格実績が出ているか

中小塾の場合、年によって合格実績に浮き沈みがあります。悪いほうにも良いほうにも振れやすい。母集団が少ないのでそこは仕方がありません。

直近の合格実績が非常に良かったからといって、それをそのまま塾の実力と見なすことは危険です。たまたま大手塾の上位クラスから6年生になって転塾してきた優秀な生徒が1人いて、彼が1人で最難関校をはじめとする5～6の有名校の合格実績を稼いでいる場合もあるからです。

1学年十数人という小規模塾であれば、過去数年分の合格実績を加算してみましょう。たとえば近隣の大手塾の校舎の実績と比較するのであれば、まずその大手塾のその校舎の1学年当たりの生徒数を聞いてみます。直近の卒業学年の生徒総数が100人だったとします。であれば、その人数に相当するまで、中小塾の過去数年の卒業生数を足し上げてみればいい。たとえば直近は30人の生徒がいて、その前の年には25人の生徒がいて、その前には32人の生徒がいたとする。すると3年間の合計生徒数は87人。その要領で100人に達するまで、さかのぼる。100人に達したら、その年までの合格実績をすべて加算する。その実績と、大手塾の1校舎の合格実績を比べれば公平です。

特に下のほうのクラスの子供がどんな学校に進学しているのかをたしかめるのがコツです。下のほうでもそこそこにいい学校（基準は人それぞれ）に行けているなら、学力に関係なく一人一人の生徒に合った指導がされている可能性が高いと考えられます。

●中小塾選びのポイント③

保護者との意思疎通はスムーズか

中学受験において、子供と親と塾は三位一体《さんみいったい》の関係です。「子供と親」および「子供と塾」の関係はもちろんのこと、「親と塾」の関係がしっかり結べていないと、三位一体にはなりません。

子供の「?」に答えるだけでなく、親の「?」にも的確に答えることができてこそ、本当の塾といえます。大人同士のコミュニケーションで「?」に答えることができない塾講師が、子供の「?」に的確に答えられるわけがないのです。

中学受験生の親は、常に不安と隣り合わせの毎日を過ごすことになります。保護者との窓口になる先生には、高度なカウンセリング力が求められます。

カウンセリングの基本は、まず相手の話を傾聴すること。保護者の言外の気持ちまでを察知して、いっしょに解決策を考えてくれるという信頼感を与えられなければなりません。話の途中で「じゃ、こうしましょう」と、いきなり自前の結論を押し付けてくるようではカウンセリングになりません。独りよがりで一方通行なコミュニケーションに終始してしまう塾長や講師は特に要注意です。

新小4から入塾するにしても、大手からの転塾を検討しているにしても、塾に面談に行くのなら、最初から恥ずかしがることなく、胸の内を吐露してみましょう。最初から遠慮せず、期待や不安をそのままぶつけてみればいいのです。そこで「わかってもらえた」という安心感が得られるのなら、その塾はアタリである可能性が高い。信頼できる主治医を見つける感覚に近いかもしれません。

●中小塾選びのポイント④
どれくらい年季が入っているか

大手チェーン系のファミレスではなく、街角にある小さな飲食店で食事をしようかなと思うとき、どんなところをチェックしますか？

外観からしてセンスがなかったり、不潔な感じがするお店は避けたいと思うはず。かといってできたばかりで初々しすぎるのも不安です。味が安定していなかったり、サービスが洗練されていなかったりする可能性があるからです。

食事を一回するくらいなら仮に選択を間違えたとしても損害はたかがしれていますが、わが子を委ねる塾についてはそんな悠長《ゆうちょう》なことを言ってはいられませんよね。

見知らぬ街でひょいと小料理屋さんののれんをくぐるなら、きっと、そこそこの年季が感じられて、地元の人たちから愛されている雰囲気があって、それでいて清潔感や誠実さが感じられる佇まいに惹かれるのではないでしょうか。

ある程度の年数を経たお店には、それだけで安心感を抱けます。料理やサービスの質や、店主の人柄が悪かったりしたら、とっくにつぶれているはずだからです。

塾も同じ。新しい塾がダメというわけではありませんが、時間の洗練を受けてなお生き残っている塾にはそれなりの理由があるはずです。創業からの年数が経っていれば経っているほど、確率論的には、いい塾である可能性は高まります。

●中小塾選びのポイント⑤ 適正な規模を保っているか

あまり指摘するひとがいないのですが、実はこれこそ中小塾の最大の魅力だと私は思います。すなわち、適正規模を保つことを最優先し、決して拡大路線に走らないということ。私が多くの塾や学校を取材しているからこそ言えることかもしれません。塾と学校の決定的な違いがここにあるのです。

学校は毎年同じ人数だけ生徒を受け入れ、基本的に拡大しません。だからこそ何十年もかけて教育の質を高めることができます。たとえば開成や灘に毎年定員の3倍もの優秀な受験生がやってくるからといって、定員を3倍に増やしてマンモス校化したり、第二・第三の開成や灘をつくってしまったりしたら、きっと教育の質は下がり、学校としての成長は止まります。「学校は拡大しないからこそ、成長できる」という逆説がある。開成や灘といった超名門校でも、実態は日本一有名な中小企業みたいなもの。それを大企業にはしないから、名門校は名門校であり続けることができるのです。

しかし塾は、教育機関であると同時に営利企業でもあります。営利企業としての側面を優先するのであれば、拡大路線は当然の戦略。拡大すればするほど、企業としての業績は上がります。良い企業といわれるようになります。しかし教育機関としては、拡大すればするほど、教育の質を担保しにくくなるという矛盾が生じます。そのバランスが難しい。だから、塾業界は浮き沈みが激しいのです。

もちろん教育機関が拡大することは悪いことではありません。良い教育をできるだけ多くの人に届けるという志は尊いですし、塾経営者は実際にそういう気持ちで拡大戦略を練っているはずです。それがある程度軌道に乗って大企業化したものが大手塾だといえます。

しかし中小塾には、規模を固定しているからこそ質の高いサービスが提供できるという側面があります。名門校と同じです。あるいは個人経営の飲食店と同じともいえます。一定数のスタッフで、自信をもって接客し、精魂込めた料理を提供できるだけの席数にとどめているからファンが増え、毎日繁盛するのです。

逆に言えば、中小塾であってもやたらに拡大路線を狙う塾は要注意。「あの塾、定員が一杯になったから、近くにもう一つ教室をオープンするらしいよ」という評判は、企業としては良い評判ですが、教育機関としては必ずしもいいことではありません。そのような塾を選ぶことは、まるで「小さな大手塾」を選ぶようなもの。だったら普通に大手塾に通えばいいだけの話です。

ほとんどの大手塾も最初は小さな街中の教室から始まったのですから、拡大すること自体が悪いことではもちろんありませんが、「うちは規模を拡大するつもりはありません」と断言する中小塾には、大手塾にはないこだわりや文化があると考えられます。それこそ、中小塾という選択の魅力だと私は思うのです。

「名物講師」必ずしも「名塾長」ならず

「講師の質」が大事なのは言うまでもありません。しかし「講師の質」はあえてチェック項目から外しました。チェックのしようがないからです。

学生時代にアルバイトをしていただけでも「大手塾での指導経験あり」など、いくらでも実績ロンダリングはできてしまいますし、1回や2回授業を見学したとしても、講師の実力を見極めることは一般のひとにはまず無理です。

その点、創業からある程度の年数が経っており、安定して合格実績を出している中小塾なら心配ありません。それが塾長の腕前の何よりの証拠だからです。その意味で言えば、「ある程度の年数」とは少なくとも5年、できれば10年以上。

また、アルバイト講師ばかりという塾は候補から外しましょう。大手であれば研修システムがしっかりしている場合もありますが、中小塾ではアルバイト講師育成にそこまでの時間と費用をかけられるわけがありません。多少勉強の得意な素人がそのまま教壇に立っている可能性があります。

中小塾の魅力は、いつも同じ先生が、一定の人数の生徒一人一人を手塩にかけて育てるところにあります。だとすれば、いくらベテランであっても、時間給の非常勤講師が主力なのもいただけません。いくつもの塾をかけもちしていたり、家庭教師をする合間に塾の教壇に立つというのでは、保護者ケアまでをも含めたトータルでの中学受験勉強支援は望めないからです。それであれば、大手塾にいたほうがましです。

大手塾の名物講師が独立して塾を開業するケースもあります。しかし名物講師がすなわち良い中小塾長になれるかというと、そこはまた別物。

入試問題研究、教材開発、お金の管理、生徒の安全確保、保護者対応、集客のための広告宣伝など、中小塾では「教える」以外の部分で求められる能力がたくさんあるからです。逆に言えばそこを担保しているのが大手塾の組織力なのです。

中小塾が組織として上手く回っているかどうかをたしかめるには、ホームページをチェックするといいでしょう。ホームページや教室ブログが頻繁に更新されていて、しかも現場の熱が伝わってくるようであれば、組織としてうまくまわっている可能性が高い。日常業務が滞りがちであれば、ホームページの更新もまちまちになるでしょうし、熱のこもったブログを書くこともままならなくなるはずだからです。

また、一般に中学受験塾講師には職人的なこだわりが必要だと私は思いますが、一方で、臨機応変さや柔軟さが大手塾に対する中小塾の魅力であるはず。

寿司職人にしても大工にしても、いい職人は、しっかりとした技とこだわりをもちながら、状況に合わせた臨機応変なシゴトができるもの。それが本当の職人気質《かたぎ》です。自分のやり方にこだわり柔軟性に欠けるのでは、本当の職人とはいえません。「職人気質」はいいけれど、「職人気取り」はダメなのです。その意味では、大手塾の名物講師にありがちな職人気質が中小塾においては両刃の剣となることもあります。

塾長とどれだけ意思疎通ができるか、塾長をどれだけ信頼できるか、この塾長はわが子にとって手本になる人物か、この塾長に任せてダメならしょうがないとまで思えるか。極論すれば、そこを見極めるのが、中小塾を選ぶ際の親の責任です。もしそのような塾が見つかれば、その時点で中学受験の「必笑」確定です。

必笑Q＆A

Q 週1の個別指導塾とママ塾で中学受験を目指していますが、無理でしょうか？

小4の息子は、おっとりタイプで体力もありません。お友達が通っているような塾に通うのは無理だと思って、週1回だけ個別指導塾に通わせています。通塾は週1回ですが、残りの日は、自宅で私が一生懸命勉強を教えています。

ところが、今回、模試の成績がボロボロでした。「ママ塾」では、どうしてもわがままが出て、この夏休み、勉強がはかどらなかったのです。やっぱり週1回の個別指導塾と「ママ塾」だけでの中学受験は無理でしょうか？

A 無理ではありませんが、わが子を教えるのはとても難しいもの。今後も結果が出ないようなら受験スタイルの再検討を。

今回の模試がボロボロだったということですが、そういうこともあるでしょう。まだ4年生ですし、一喜一憂はしないほうがいいと思います。

「ママ塾」でも、無理ということはないと思いますが、普通に塾に通うよりも親子ともにパワーが要るでしょうね。プロの塾の先生でも、わが子に教えることは難しいと嘆きます。どうしても感情的になってしまうからです。そういう距離感で勉強を習うことは、ひょっとして、お子さんにとってもストレスかもしれません。

ときどきお父様やお母様がつきっきりで教えてうまくいくケースもあります。でもそれは、そのお父様やお母様が卓越した自己コントロール術を身に付けていらっしゃるのか、お子さんによほどの適応能力があるのかのどちらかだろうと私は思います。誰もがうまくいくわけではありません。

もし今後の模試でも結果が出ないことが続くようなら、いまの学習スタイルが息子さんに合っていない何よりの証拠です。別の受験スタイルを検討すべきでしょう。「お友達が通っているような塾には通えない」とお母様はお考えのようですが、息子さんも同意見なのでしょうか。もし息子さんが、ママ塾よりも集団塾を希望されているようなら、それも1つの選択肢になると思います。

子供のやる気は、なかなか内側から湧いてきません。かといって親が焚き付けるものでもありません。小学生の場合、意欲ある子が集まる塾に身を置くことで、友達からやる気が伝染することも多いものです。

Q 御三家に特化した塾に通っていますが、宿題のレベルが高すぎるように思います。

息子は小3の2月から、御三家に特化した塾に通っています。息子には夢があり、それを叶えるためです。塾の算数について、相談です。

授業で使うプリントには、小4でここまでやらなければいけないのかというレベルの応用問題までが網羅されています。授業で扱えなかった問題は翌週までの宿題とされるのですが、私は息子に、基礎レベルをしっかり理解することを優先させ、応用問題はやらなくて良いと指示しています。この方針は間違っているでしょうか？

A 子供、親、塾の先生はひとつのチーム。塾に質問してみましょう。きちんとした塾なら納得のいく答えが返ってくるはず。
疑問に思われるのであれば、率直に塾の先生に質問してみたらいかがでしょうか。責める口調ではなく、純粋に質問です。「息子にはレベルが高すぎるように感じるのですが、ここまでやらせて大丈夫なのでしょうか。基礎がおろそかになるということはないのでしょうか。ちょっと心配で」と素直な気持ちをぶつけてみれば、きちんとした先生なら、お母様の気持ちをしっかり受け取り、納得のいく答えを返してくれるはずです。

一方でお母様は、息子さんの教育に対して、しっかりとしたポリシーをおもちのように感じます。単なる点取り虫を養成するような指導には賛同できないという骨太なポリシーをおもちなのかもしれません。立派な教育方針だと思います。

もしお母様が塾の方針に賛同できないというのであれば、それはご家庭と塾の教育方針の違いです。ご家庭の教育方針に合致する塾を探すというのもひとつの選択肢になるかもしれません。

中学受験をいい形で乗り切るためには、子供・塾・親の三位一体が必要です。まだ4年生。焦る必要はありませんが、できるだけ早く、いいチームワークが構築できるといいですね。塾の先生たちは、「4年生は学習習慣をつくる時期」とよく言いますが、私は「4年生は、子供・塾・親のバランスのいいトライアングルをつくる時期」だと思っています。

Q 担任の先生が、通塾を快く思っていないようです。親として何かすべきですか？

娘が学校で、お友達と塾の話をしていたら、担任の先生から「あなたたちは塾で勉強するのよね」と嫌みを言われ、それから冷たい態度をとられているようです。娘は以前から「学校より塾の授業のほうが楽しい」と言っていたので、そんな会話を聞かれてしまったのかもしれません。

いまのところ実害はありませんが、このまま放っておいてもいいものか、悩んでいます。

A よくあるケースですね。実害がないのであれば、「スルー力」を発揮してやり過ごしましょう。先生の悪口はNGです。

私は常々教育には多様性や多面性が必要だと訴えています。学校には学校でしか学べないことがあります。一方で、塾でしか学べないハイレベルな内容もあります。学校での習い方と塾での習い方に違いがあることで、より立体的に理解できる面もあります。本来学校と塾は補完し合う存在であり、どちらかを優先するというようなものではありません。そのことをまず学校の先生に理解していただきたいですね。

たとえば塾で難しい漢字をいっぱい覚えて使いこなせるようになっている子供に、すでに知っている漢字をノートいっぱいに何度も書かせる宿題を出すというのは私の個人的な感覚としてはナンセンスです。学校の授業での理解度に差が出るのは当たり前。それをどうやって補うか、もっと弾力性のある宿題の出し方もあると思うのですが、現状は「みんなが一律同じ宿題をする」という表面的平等主義が優先されているように思います。

そういう考え方をもとにしている先生にとっては、塾に通っていてまわりの生徒よりもよくできてしまう生徒がいると、授業の組み立てや宿題の出し方が難しくなり、やっかいに思えてしまいます。先生自身が意識的にそう考えているのではなく、ほとんど無意識的に、そういう状態になるのを避けたいと思ってしまうようです。ただ、仮にそう感じていたとしても、生徒にそのような嫌みを言うのは先生としてちょっと未熟ですね。

以上が私なりの分析なのですが、いまのところ実害はないということ。であれば、娘さんには「学校の先生には先生の考え方があるんだろうね」などといって、うまくやり過ごすようにアドバイスしてあげればいいのではないかと思います。「スルー力」というやつですね。ただし先生の悪口を言うのはおすすめしません。

残念ながら学校の担任は選べません。なかには考え方の合わない先生もいるでしょう。そういう先生となんとかうまくやっていく術《すべ》も、実は学校でこそ学べる社会的スキルの一部ではあります。

●●●

Q 自ら受験を希望しながらも反抗期の娘。ダラダラ過ごしています。

娘は現在小6の中学受験生なのですが、家庭学習がまったく進まず、ダラダラ過ごしています。やり始めても、間違えると「もうできない、わからない」とすぐにあきらめます。「わからないのなら、基本問題からやり直してみれば？」と提案しても「嫌だ」の一点張り。特に算数が苦手です。

塾のクラスが落ちるのは嫌がるくせに、大した努力もせず、「志望校を変えればいい」と言います。

反抗期にもさしかかっており、無理矢理勉強させても身に付かないと思い、いまは半ば放っておいていますが、いつまでこのままでいいものか……。塾の先生にも相談しましたが、「やる気はある時期になればみんな出てきます」と言うだけです。

A **自立心が芽生えた子供ほど親の圧力に敏感です。初心に返って娘さんの気持ちを受け止めてみてはいかがでしょう?**

これはいろいろと大変ですね。いろいろな糸がこんがらがってしまっているように見えます。長くなりますが、一つ一ついきましょう。

まず、反抗期になることは、子供の成長ですから、本来喜ばしいことです。反抗期だと思って対処してあげるしかありませんね。大人の側が同じ土俵に乗ってしまわないように気をつけましょう。

算数に苦労していて、間違えると「もうできない、わからない」とさじを投げてしまうというのは、それだけ間違えるのが怖いということですね。常に正解しなければいけないというプレッシャーが強すぎるのかもしれません。そういうときに、基本問題まで立ち返りやり直すというのはいい提案ですね。でも娘さんはそれも嫌がる……。

親子の間でどんな会話があったのかわかりませんが、何かが嚙み合っていません。これは私の想像でしかありませんが、もしかして、お母様は、なんとかして娘さんを思い通りにコントロールしようと思っていませんか？　親としては、特に中学受験勉強をしていると、いたしかたないことなのですが、同時にそれは、反抗期の子供がもっとも嫌うことです。自立心が芽生えてきているしっかりした子供ほど、親からの圧力には敏感に反応します。

人間は、自分の気持ちを理解してくれるひとがいると感じて安心できているときに、「もうちょっとがんばってみよう」という気持ちになれます。娘さんに必要なのはそういう安心感なのかもしれません。

娘さんが、「もう算数なんてやりたくない！」と癇癪《かんしゃく》を起こしたときには、「そういうときもあるよね。しょうがない」と娘さんの気持ちを尊重してみたらいかがでしょう？　きっとこれまでにそういうこともされてきたのだと思いますが、もう一度初心に返ってみてもいいかもしれません。

それと最後にひとつ、とっても気になることがあります。塾の先生に相談したところ、「やる気はある時期になればみんな出てきます」と言われたとありますが、これ、言われると、親としてはつらいんですよね。そりゃそうですよ。切羽詰まれば誰だってそのうちやる気は出てきます。そんなことは塾の先生に言われなくてもわかりますよね。

一般論で言えば、何事においても、「本人のやる気が出るまで待つ」というのが学習者を支える大人たちの正しい態度です。でも中学受験という期日が決まっている勉強においては、そうも言っていられません。やる気が出るまでにどれだけ力をつけておくことができるかも、合否を分ける大きな要素であるわけです。やる気になってからで間に合うのならば、誰もやきもきしません。

子供本人がやる気になってくれたのであれば、先生は8割方、いや9割方、役割を終えたといってもいいでしょう。〝やる気〟になっていないときにこそ、だましだましでもいいから、どうやって〝その気〟にさせるかが、塾の先生の腕の見せどころだと私は思います。

本人に〝やる気〟が満ちていなくても、必要最低限の学力を身に付けさせる環境設定があるのが、塾の真価だと思います。しかし最近、「やる気至上主義」が跋扈《ばっこ》しています。子供の成績が伸びないのを子供のやる気のせいにしてしまうのは、塾の先生による職務放棄に近いことだと思います。そのような塾の先生がいることに私はかすかな憤りを覚えます。

その塾の先生が言っていることは一面的には１００％正しい。しかしそれでは、娘さんの学力向上にも貢献しないし、「いま、ここ」のお母様の気持ちに寄り添うことにもならない。少なくともお母様は、「やる気が出ないのはしょうがない。それよりも、やる気が出ないときでもどうにかそのときそのときに必要なことをこなす姿勢が大事」ということを肝に銘じておいてください。

ここでお気付きになったでしょうか。先ほど私は、娘さんが癇癪《かんしゃく》を起こしてしまうときには「そんなときもあるよね、しょうがない」と言って、娘さんの気持ちを尊重してあげましょうと書きました。でもここでは、「やる気が出ないときでも、どうにか必要なことをこなす姿勢が大事」と書きました。矛盾しています。

でもそういうことなんです。子供の気持ちを受け止めて安心させてあげることと、だましだましでもいいからなんとか必要な学力を身に付けさせることを、同時並行で行わなければいけないから大変なのです。

「ここは気持ちを受け止めてあげるべきときかな」「ここはやらせなきゃいけないときかな」というのを、その都度判断しなければいけません。やっかいですよね。だからこそ塾があるのです。やる気がなかなか出てこない子供の気持ちを受け止めるのは、主に親の役割です。どうしてもやらなきゃいけないことをなんとかしてやらせるのは、主に塾の役割です。そこの役割分担がうまくいくといいのですけどね。

●●●

Q 夫が息子に怒鳴りながら勉強を教えているのですが。

小6の息子は、塾では真ん中くらいの成績をとっています。これまで私が息子に寄り添い、成績が落ち込んでも励ましながらやってきたのですが、いまの成績で合格できるような学校ではダメだと、夫が言い始めました。夏休みごろからは、叱りながら勉強を教えるようになりました。

算数の問題が解けないと、「どうしてわからないんだ！」と怒鳴ります。息子も父親に反抗せず「がんばる」と言います。怒鳴り声を聞いているだけで、私は息子のことがかわいそうでたまりません。しかし夫は、「偏差値の高い学校に入ることが将来につながるのだから、いまやらせないとダメだ」と言って、私の意見を取り合ってくれません。

勉強を教えてくれるのはいいことだと思う一方で、怒鳴りながらでは効果的ではないように思います。どうにか夫の熱の入れようを抑えたいと思うのですが、どう説得すればいいか、困っています。

A 怒鳴りながら教えても、効果は限定的でしょう。

怒鳴って成績が上がるのなら、塾の先生たちも苦労しないですよね。「どうしてわからないんだ！」って、それがわかったら子供だって苦労しませんよね。怒鳴り声を聞いているお母様も、おつらいでしょう。しかし、お父様も息子さんのためにやっていること。「この子ならできるはず」という期待と現実とのギャップが、怒鳴り声になってしまうのでしょう。

そんななか、息子さんはお父様に反抗するでもなく、逃げるでもなく、がんばると言っているのですね。多分息子さんも、精神的にはつらい思いをされているとは思いますが、お父様の熱い気持ちも十分に理解しているのでしょう。なんとかその期待に応えたいと歯を食いしばっているのかもしれません。その気持ちがあることはすばらしいと思います。そのことはお母様がよく認めてあげてください。

いよいよ本番が迫ってきて、お父様も焦っているのでしょう。しかし親が焦ったり、不安になったりしたところで、いいことはまずありません。ましてや怒鳴りながら勉強を教えても、効果は限定的でしょう。いまはまだ息子さんもがんばると言っているようですが、あまり長くこの状態が続くと心が折れてしまう可能性だってあります。

この状況、難しいのは、怒鳴るのをやめるきっかけがなかなかないことです。もし仮に、お父様が怒鳴ることによって息子さんが奮起し、模試で良い成績をとったとしたら、お父様は「怒鳴れば成績が上がるんだ」と学習し、さらに怒鳴るようになるかもしれません。逆に、怒鳴られたことで息子さんが萎縮して、模試で実力を発揮できなかったとしたら、「いったい何をやっているんだ！」とますます怒鳴るかもしれません。中学受験で一度怒鳴り始めると、ずっと怒鳴り続けることになってしまうのです。

効果は保証できませんが、２つ提案したいと思います。

１つめ。

お父様が熱心に息子さんの勉強を見てくれていることには感謝の気持ちを伝えたうえで、次の点をご夫婦で話し合ってみてください。

「次の模試で成績がさらに下がったら、怒鳴ることに効果はないと認めて怒鳴るのをやめるのか、もしくは成績を上げるためにもっと怒鳴るのか。次の模試で成績が上がったら、怒鳴った効果があったと思ってもっと怒鳴るのか、もしくはもう怒鳴る必要はないと考えて怒鳴るのをやめるのか」

お父様は、自分が責められているように感じてちゃんと取り合ってくれないかもしれませんが、それでもこのような会話をすることで、どこかで怒鳴ることをやめると決めないと、どのみちいつまでも怒鳴り続けることになってしまうということに、気付いてくれるかもしれません。

２つめ。

どうやったら効果的に成績が伸ばせるか、塾の先生とお父様で直接話し合ってもらう。その会話のなかで、息子さんの現状をお父様に正しく認識してもらい、かつ、怒鳴る以外のもっと有効な接し方を、塾の先生に指導いただく。

ただし、これにはリスクもあります。塾の先生にかなり高度なカウンセリング能力がないと、頭ごなしにお父様のやり方を否定してしまい、お父様が塾に対して不信感をもち、なおさらややこしいことになりかねません。そうなるとますます子供の気持ちは不安定になります。塾の先生がどれくらいの人間力をもっているか、お母様が見極めなければいけません。「無理そう……」と思ったら、この作戦はナシです。

子供を励まし、盛り上げ、やる気にさせるのが原則ではありますが、中学受験にはときに厳しさが必要であることも事実。その点、ご両親は、優しさと厳しさの役割分担ができているすばらしい夫婦だと思いますし、くり返しになりますが、怒鳴られても食らいつく息子さんの根性はたいしたものです。

これから入試本番までは綱渡りのような毎日になるかと思います。「これをすれば問題解決！」というような方法はありませんが、それはどこのご家庭でも同じこと。いまご家庭のなかでいちばん冷静なのはお母様。お父様にも息子さんにも、お母様がその都度働きかけることによって、家庭内のバランスを保つように心がけてください。大変でしょうけれど、残りわずかな時間です。

第3章

「たかが偏差値、されど偏差値」の志望校選び

わが子に合う学校の見分け方

世間の評判や偏差値表だけで志望校を選ぶのではなく、実際に学校に足を運び、その雰囲気を肌で感じることが大切であることは言うまでもありません。

学校の雰囲気を肌で感じることのできる機会といえば、学校説明会、運動会、文化祭がその代表でしょう。最近は、運動会や文化祭の開催に合わせて学校説明会や個別相談会を開催する学校も多いので、一石二鳥です。

近頃の学校説明会は個性的。あの手この手で学校の魅力をアピールしようという意欲が伝わってきます。

学校説明会では以下のようなポイントに注目するといいでしょう。

●学校説明会のチェックポイント①

メッセージに一貫性はあるか

パワーポイントで切れ味鋭いプレゼンテーションをする教員もかっこいいですし、木訥《ぼくとつ》と参加者一人一人に語りかけるように話す教員の姿にも引き込まれます。

しかし、口では「人間力が大切」などと言いながら、まるで参加者の目を見ずに、手元の資料を棒読みしているロボットのような教員は心もとない。「これからのグローバル化・多様化の時代を生きる人材を育てる」と言いながら、「あれはダメ」「これはダメ」と価値観の多様性を認めないような発言を繰り返すような学校もいかがわしい。パンフレットには「ロジカルシンキングを鍛える」と書いておきながら、校長の話は精神論ばかりであるというのも痛々しい。

学校のメッセージに一貫性がなければ、その学校説明会自体が普段の学校の姿を反映していないよそ行きの説明会である疑いが高まります。

つい盛ってしまっただけならばいいのですが、もしかしたら、その学校は何事においても裏表がある学校かもしれません。しかもまったくの無自覚でそうしてしまう学校だとしたら、ちょっと恐ろしいですよね。

●学校説明会のチェックポイント②
「何でも屋さん」になっていないか

「あれもやる」「これもやる」と、何でもかんでもアピールする学校もまゆつばです。

どれも中途半端だったり、形だけだったりするからです。

学校の特徴は、何をするかよりもむしろ何をしないかに表れやすい。時間にしろ、マンパワーにしろ、学校の資源は有限です。「ここには力を入れますが、その代わりこちらはやりません」と堂々と宣言できるということは、その資源をどのように配分すべきかを明確なポリシーをもって考えている証拠といえます。

そのポリシーに賛同できるかどうかは別として、少なくとも信頼できる学校だと見て間違いはないでしょう。

●学校説明会のチェックポイント③

学校自慢になっていないか

学校の存在意義は、子供を育てることです。生き生きと学ぶ生徒たち、そこで学んだことを胸に抱き社会で活躍する卒業生たちが、学校の本質です。ですから、私が思う良い学校とは、生徒自慢が得意な学校です。

全国大会で優勝したとか、海外で活躍する生徒がいるとか、東大に何人入ったとか、わかりやすい生徒自慢もいいのですが、むしろ日常的な生徒の笑顔や汗や涙の美しさこそを自慢しているかどうかに注目してください。

それができる学校は、生徒一人一人のかけがえのない人生を大切にしている学校です。学校での何気ない日常のなかに時折ひょっこり表れる人生の輝きを、どれだけの解像度で表現できるか。それが、その学校が生徒を見る目の良さを表します。

カリキュラムが完璧であるとか、システマチックな補習体制や最新の設備があるとか、学校自慢に終始してしまう学校は要注意です。

●学校説明会のチェックポイント④
校長の立ち居振る舞い

私立の学校にはそれぞれに建学の精神がありますが、普段は使われないような難しい四字熟語で表現されていたりして、その本当の意味を理解するのは、学校内部の人間でも難しいものです。そこで注目してほしいのが校長先生です。

校長は、建学の精神や教育理念の体現者です。この学校に子供を預けると、どんな「らしさ」を身にまとって卒業することになるのか、校長を見ればわかります。もちろんひとにはそれぞれの個性がありますから、いくら個性的な学校に入ったからといって、それががらりと変わってしまうことはありません。でも、特に強烈な個性をもつ私立の学校の生徒たちが、どこか共通の「らしさ」みたいなものを身にまとって卒業していくことは経験上たしかです。

同じような学力層の生徒を集めて、同じようなことを教えても、たとえば開成と麻布と武蔵と灘と東大寺では、それぞれの生徒がもつ「らしさ」が少しずつ違う。もちろん生徒一人一人の個性は千差万別なのですが、全体として生徒集団がもつ雰囲気が変わってくるのです。

学校の「らしさ」とは何か。「ハビトゥス」という社会学用語がもつ意味に近いと思います。辞書では「個々の階級や集団に特有の行動・知覚・判断の様式を生み出す諸要因の集合」と説明されています。「こういう状況では、この学校の生徒はこうやってふるまう」というようなパターンです。

その「らしさ」を体現するのが校長なのです。

建学の精神に謳《うた》われている人物像と、実際の校長の人柄が乖離《かいり》しているようでは話になりません。そういう学校は早晩おかしくなりますから、志望校候補から外してしまってかまいません。

また、校長の立ち居振る舞いから学校のなかの雰囲気もおおよそ推測できます。校長が威圧的で、まわりの教員が校長の顔色をうかがっているようなら、その教員たちも普段は生徒たちに対して威圧的な態度をとり、生徒たちが教員の顔色をうかがうような学校である可能性が高い。校長がほがらかで、まわりの教員とも垣根のない会話をしているようならば、教員と生徒の関係もおおよそフランクであることが想像できます。

配付資料は家に帰ってからゆっくり読めばいいのですから、学校説明会では校長の一挙手一投足を見逃さないようにしましょう。

運動会は「組織」、文化祭は「個」

運動会と文化祭は、どちらも生徒たちにとっての「非日常」であり、普段通りの姿ではありませんが、部外者が生徒たちの息づかいを感じられるという意味で貴重な機会です。これまでの取材経験から大雑把に言うと、運動会は「組織」を表現する場、文化祭は「個」を表現する場となります。

規律のとれた組織だった運動会をする学校は、「組織で動くときには組織の利益を優先する」という精神が強い学校だと見て間違いありません。それが必ずしも没個性を意味するわけではありませんが。逆に、一見ダラダラしたゆる〜い運動会をしている学校には、全体主義的なことを嫌う傾向が共通しています。自由な校風で知られる学校のなかには、全体主義的な運動会自体を廃してしまい、代わりにリクリエーション色の強い球技大会を行うところもあります。

文化祭の運営には、「個」の尊重度合いがにじみ出ます。クラスや学年などは度外視で、やりたい生徒が自発的に手を挙げて出し物を企画する形式で文化祭が営まれる学校は、「組織」よりも「個」を優先する思想が強い。学校によっては、「自発的に表現したいことのない生徒は文化祭に参加しなくていい」ということもあります。一方で、クラス単位で演劇をやることがルールになっている文化祭もあれば、学年単位でテーマが決められそれに沿った出し物を考えなければいけないという縛《しば》りがある場合もあります。

運動会では規律のとれた組織力が目立ち、文化祭でもクラス単位や学年単位の割ときっちりとしたルールが決められているというような学校は、規律や組織的な価値観を大切にする学校と見て間違いないでしょう。逆に、運動会がゆるゆるで、文化祭も任意参加にしている学校は、「個」や生徒の主体性を最重視する学校だと考えられます。

入試問題に学校の教育観が表れる

もう一つ、学校の教育観が如実に表れるものがあります。入試問題です。

中学入試は、小学生を選抜する無慈悲な装置と思われがち。しかしそこでは、単に知識量や処理能力だけが求められているわけではありません。各学校は、試験問題のなかに、独自のメッセージを込めるように工夫しています。

「こういう問題を面白いと思える子に来てほしい」「普段からこういう視点で世の中を見ている子を求めている」「この学校に入ったらこういう勉強ができるよ」など、求める生徒像に基づき、論理的思考力、粘り強さ、発想力、着眼力、読解力、表現力から、場合によっては素養や性格までも見抜こうとしているのです。

入試問題との相性が良いということは、その学校の教育観に合っているということ。そうやって私立中高一貫校は、入試によって、自校で学ぶのに適した生徒を選んでいるのです。決して偏差値の高い順に生徒を選ぼうとしているわけではありません。

言うならば、入試問題は「わかる子にだけわかるラブレター」。正解にいたるための暗号を一つ一つ解いていけば、そこに込められた学校からのメッセージが見えてきます。

そして、受験生たちはその暗号を解くために、勉強をしているといえます。

中学入試の素人がただぼーっと入試問題を眺めてみても違いはわからないかもしれませんが、面倒見のいい塾に通っていれば、講師がそれぞれの生徒と入試問題の相性を見抜いてくれるはずです。志望校選びに関しては、これが偏差値よりも大切です。多少偏差値が足りなくても、相性のいい学校であれば合格できるチャンスは大きく広がります。

過去問を解いてみて、「この学校の問題は解いていて楽しい」とか「不思議といい点数がとれる」ということがあれば、入試問題との相性が良いのだと考えられます。ということは、その学校で楽しい6年間が過ごせる可能性が高い。

入試問題との相性は、「中学受験必笑法」的には非常に重要な観点です。

首都圏中学受験生の平均出願数は6～7校

そうやって、「いいな」と思える学校を、早めにできるだけ多く見つけておきます。そこから実際の志望校選び、併願戦略考案が始まります。

首都圏中学模試センターの発表によれば、2018年の首都圏中学入試における1受験生あたりの平均出願校数は6・53。1人の受験生が6～7校を併願している計算です。

「そんなにたくさん受験しなければいけないのか。過去問を解くだけでも大変じゃないか」とびっくりするかもしれませんが、この6~7校には「おためし」「本命」「すべりどめ」が含まれており、真剣に過去問対策をするのは「本命」だけです。「本命」のなかに、さらに「第一志望」「第二志望」があると考えてください。

「おためし」「本命」「すべりどめ」、そして「本命」のなかでの「第一志望」と「第二志望」をどういうバランスでラインナップするのかを、「併願戦略」といいます。子供の意志をくみとりつつ、模試の結果や塾の先生からのアドバイスを総合して、冷静に併願戦略を組み立てることこそ、中学受験生活終盤における親の腕の見せどころです。

精神的な仕上げのための「おためし」受験

「おためし」受験には、模擬試験とは違う本物の中学入試を、「本命」受験の前に体験しておく「肩慣らし」的な意味があります。その学校に本気で通いたいと思っている受験生も当然いるわけですから、大変失礼な表現ではありますが、中学受験関係者の間では、俗語として広く認知されています。

「おためし」受験が一般化したのには、以下のような背景があります。

特に多くの私立中高一貫校がひしめく東京都と神奈川県においては、中学入試を2月以降に行うことを、学校同士の約束としています。生徒の早期囲い込みのために中学入試日程が際限なく前倒しされていくのを防ぐ意図です。そのため、中学入試解禁日の2月1日には、中学入試が集中します。男女御三家をはじめとする多くの人気校がここで入試を実施するのはそのためです。

しかし千葉県や埼玉県の私立中高一貫校にそのような規定はなく、1月中旬から入試が始まります。その時差を利用して、2月1日の「本命」受験の前に、入試本番の雰囲気に慣れておこうという「おためし」受験が行われるようになりました。「最後の模試」という意味合いもあり、千葉や埼玉の私立中高一貫校に何千人という受験生が集まるようになったのです。

通学時間がかかりすぎて実際には通えない学校だとわかっていても、本物の合格をもらうことは、受験生にとって大きな励みになります。「本命」入試に向けて、前向きな気持ちをつくることができます。だから多くの場合、「おためし」受験では、偏差値的に合格できそうな学校が選ばれます。当然、校風などは度外視です。

一方、「おためし」入試を荒療治的に利用する場合もあります。あえて難易度の高い学校を受験し、不合格を体験させるのです。入試直前になってもなかなかエンジンがかからない受験生や「本命」に合格できるものだと油断しきっている受験生へのショック療法というわけです。「おためし」受験でまさかの不合格をもらい、そこから目の色を変えて勉強し始める受験生も毎年たくさんいます。

「おためし」受験の合格で勢いづく性格の子供もいれば、不合格で奮起する子供もいます。1月中に合格と不合格の両方を経験させるために、「おためし」受験を2回行う場合もあります。「落として上げる」か、「上げて落とす」か、子供の性格を十分考慮して、塾の先生ともよく相談しながら、「本命」に向けての精神的な仕上がりを最終調整してください。

偏差値が足りなくたって「第一志望」はあきらめない

「本命」とはその名の通り、本気で通いたいと思っている学校のことです。そのなかでも優先順位が特段高い学校が「第一志望」であり、それに次ぐのが「第二志望」。「第二志望」が1校の場合もあれば複数の場合もあるでしょう。第1章で述べた理屈で言えば、「すべりどめ」も「第二志望」に含めていいのですが、ここでは親が考えるべき「併願戦略」という意味合いのなかで、便宜上、区別します。

その学校に通っている自分を思い浮かべ、その姿に強い憧れを感じられる学校が「第一志望」です。「第一志望」を決めるプロセスは次のようなものです。

知り合いから聞いた評判やメディアの情報をもとに、「この辺の学校が面白そうだ」と親子でいくつかの学校に目星を付けます。できるだけ早いうちからそれらの学校の運動会や文化祭などの公開行事を見に行ったり、受験予定者を対象とした体験授業を受けてみたり、学校説明会に参加したりします。最も強く「この学校に入りたい」と感じる学校が暫定的「第一志望」となります。

受験勉強を進め、模試を受けます。「第一志望」には手が届かない成績が続くかもしれません。しかし本気でその学校に入りたいという気持ちが続く限り、「第一志望」をあきらめる必要はありません。この存在が、受験勉強をがんばるためのモチベーションの源泉になるからです。

「第一志望」以外の学校がすべて「第二志望」です。「この学校もいいな」「この学校に自分が通っている姿もイメージできる」と思える学校です。そういう学校が複数あっても「第三志望」「第四志望」などと順位を付ける必要はありませんし、そういう学校ができるだけたくさんあったほうがいい。入試日程の重なりもあり、ぜんぶの学校を受けられるわけではありませんが、「持ち札」はたくさん用意しておいたほうがベターです。

何度も模試を受けるなかで、だんだんと自分の学力が見えてきます。いわゆる「偏差値」のことです。最終的には、各学校の合格可能性を表す偏差値に自分の偏差値を照らし合わせ、併願戦略を練ることになります。

20％でも可能性があるなら「第一志望」はあきらめなくていいというのが、中学受験関係者のほぼ一致した意見です。中学入試には、偏差値では測りきれない相性や時の運があるからです。「第一志望」はあくまでも強気に行けということです。

そのかわり、「第二志望」の学校については、入試日程と合格可能性を冷静に見極め、戦略的に選ぶ必要があります。これは12歳の子供には無理な作業。あらゆる可能性をシミュレーションしながら、親が考えるべきことです。このときに先述の「持ち札」が豊富だと、やりやすい。

「あなたは第一志望のことだけを考えていればいい。でも、ほかにもたくさんいい学校はあったでしょ。日程の問題があるからぜんぶを受けることはできないけれど、万が一第一志望がダメだったときでもあなたにいちばん合った学校に合格できるように、お母さんとお父さんでしっかり考えておくから安心しなさい」などと伝えておけばよいでしょう。

「第二志望」の学校は、偏差値に関係なくどれも甲乙付けがたい魅力のある学校だとして、そのうえで、やはり模試の結果としてはじき出される偏差値が、ここに来て役に立ちます。「たかが偏差値、されど偏差値」なのです。

「最悪の事態」を防ぐための偏差値活用術

偏差値の高い学校がいい学校だと思うのは間違いです。きれいごとで言っているのではありません。偏差値とは企業の株価のようなものであり、教育内容の実態をともなわず変化することがあるからです。細かい説明はここでは割愛しますが、特に昨今においては、入試形態の多様化・複雑化により、「バブル偏差値」ともいうべき偏差値が出現することがたびたびあるのです。

それを前提として、偏差値の正しい使い方を述べてみます。

●偏差値を利用した併願戦略ステップ①

第一志望に似た学校を挙げ、合格可能性を調べる

まずは偏差値にとらわれず、フラットな視点で、「第一志望」の学校を複数見つけましょう。「持ち札」は多ければ多いほどいい。校風や教育理念などが似通っている学校で「持ち札」をそろえられるとなおいい。共学校なのか男女別学校なのか、自由を重んじるのか規律を重んじるのか、伝統校なのか革新校なのか、宗教的なバックグラウンドがあるのかないのか、進学校としての側面をどれだけ打ち出しているかなどの条件で、「第一志望」に似ていることを基準にすると迷いが少なくなるでしょう。

さらに各校の入試日程を調べます。同じ日程の学校は当然併願できないので、どれかを選ばなければいけません。ただし、首都圏では１校が平均約４回もの入試を設定しており、日程をうまくずらせば併願のパターンは増やせます。

ここでようやく偏差値の出番です。塾や模試業者が発表する偏差値表におけるそれらの学校の偏差値を調べてみます。偏差値表には「このくらいの偏差値をとっていれば80％の確率で合格できる」ことを表す「80％偏差値表」や同じく「50％偏差値表」があります。さらに、同じ学校でも入試日によって偏差値が大きく違うことがあるので注意

が必要です。

模試を受ければ各志望校に対する合格可能性が表示されるので、それを利用すればさらに正確ですが、模試の志望校記入欄には限りがあるので、すべての「持ち札」について合格可能性を調べられるとは限りません。模試の志望校欄に書き切れなかった学校については、自分で偏差値表を見ながら合格可能性を推測しなければいけません。

●偏差値を利用した併願戦略ステップ②

どこかには合格できる確率を計算する

ここから先は、まさに中学入試問題の算数のような計算が必要になります。

「第一志望」をA中学とします。「第二志望」の候補として、B中学、C中学、D中学、E中学、F中学の5校があるとします。模試の結果から、また、わが子の偏差値を偏差値表に照らし合わせた結果から、それぞれの合格可能性が、A中学⇩20%、B中学⇩30%、C⇩50%、D⇩50%、E⇩80%、F⇩80%だったとしましょう。

仮に、A中学とB中学とC中学の3校のみを受けた場合、最低どこか1校には合格できる可能性が何%になるか、わかるでしょうか。現役の中学受験生ならわかるはずです。

A中学に不合格になる確率は80％、B中学に不合格になる確率は70％、C中学に不合格になる確率は50％。ということは、3校すべてに不合格になる確率は、0.8×0.7×0.5＝0.28で、28％の確率で全滅を食らう計算です。つまり約7割の確率でどこかには受かる。

どこかには受かる確率は、当然ながら、たくさんの学校を受ければ受けるほど高くなります。A中学からF中学まで6校ぜんぶを受けた場合の全滅の確率は、0.8×0.7×0.5×0.5×0.2×0.2＝0.0056で、1％を切る。つまり99％以上の確率でどこかには受かるはずです。

入試日程と偏差値表を見比べながら、さまざまな併願パターンを考え、そのたびにこの計算をくり返す。それが併願戦略立案の基本です。偏差値は、そのためにある。どこかには受かる可能性を、80％で十分とするのか、90％でよしとするのか、限りなく100％に近づけておくのか、冷静に決めなければいけません。

偏差値の高い学校を複数校強気に攻めたうえで全滅を防ぐためのバランスをとるのなら、偏差値が低めの学校も必要になります。計算の帳尻あわせとして、併願校のなかに合格可能性の高い学校を意図的に交ぜる場合、それをここでは「すべりどめ」と呼ぶこととします。もともと用意していた「第二志望」の「持ち札」のなかからそれが見つかることが理想ではありますが、そうとも限らないでしょう。

「すべりどめ」があれば、確率的に全滅を回避することはできますが、だからといって「第一志望」以外の「第二志望」をすべて強気に攻めることには慎重になったほうがいいと個人的には思います。

「偏差値など関係ない」と言ってはみても、「本命」と「すべりどめ」の間にあまりにも大きな偏差値の差があると、万が一「すべりどめ」しか合格できなかったときのショックはやはり大きいものです。「A中学がダメならF中学でいい」と思っていても、いざ本当にそうなってみると、「C中学やD中学も受けておけばよかった……」と思ってしまう可能性は高い。

「一か八か」ではなく、バランス良く、各偏差値帯に「第二志望」を散らばらせるほうが、「中学受験必笑法」的に納得できる結果を得られる確率が高いはずです。

●偏差値を利用した併願戦略ステップ③
ときには「勇気ある撤退」も必要

入試を複数回設定している学校のなかには、ぜんぶの入試を受けた生徒を〝優遇〟すると宣言している場合があります。どうしてもその学校に入りたいと思っている受験生にはありがたい制度ですが、そこで一度冷静になる必要があります。

一つの学校が複数回の入試を実施する場合、1回目、2回目、3回目と徐々に偏差値が上がっていく傾向があります。多くの場合、1回目がいちばん合格しやすいはずです。しかし12歳の子供の受験です。模試では合格確率80％の判定が出ていたのに、入試本番で調子が出せず、立て続けにギリギリで不合格になってしまうことが起こり得ます。そういう子を救済するのがこの制度の目的であって、実力は足りないけれども入学を熱望する受験生を合格させる制度ではないことは冷静に受け止めなければいけないのです。

受験勉強をがんばるモチベーションにもなるので「第一志望」は偏差値を気にせずに強気にチャレンジすべきだと先述しましたが、その学校が複数回の入試を設定している場合、どこまで深追いするかは難しい判断となります。1回目の入試でボーダー近い点数をとる可能性すら低いのであれば、2回目以降の入試ははじめから「負け戦」になってしまいます。

受験生本人に強い意志があるならば、どんなに偏差値が足りなくても第一志望はあきらめる必要はありません。しかし同時に、「『憧れ校』の1回目入試にはチャレンジしてもいいけれど、6年生の最後の模試までやってみて合格可能性が低いままであれば、2回目以降の入試は別の学校への挑戦に切り替えようね」と約束しておくことも場合によっては必要です。つらい決断ですし、他校に切り替えたからといって確実に合格できるわけでもありませんが、子供を「負け戦」に送り込み余計に傷つけてしまうリスクは過小評価するべきではないと私は思います。

それでも「一縷《いちる》の望みにかける」のか、「勇気ある撤退」か、重大な判断です。中学入試がすべて終わった時点で笑っていられる可能性が高いのがどちらか、家族でよく話し合ってください。

「第一志望のA中学を受け続けた場合、合格確率は□%。A中学は1回目の入試だけ挑戦して、2回目以降の入試日程で代わりにB中学を受けた場合、A中学かB中学のどちらかに合格できる確率は△%。どちらをとる？」と子供に聞いてみてもいいでしょう。そこまで説明してやれば、中学受験勉強をしてきた子供なら、その意味が理解できるはずです。

ちなみに、「偏差値表」を見るときには「80%偏差値表」と「50%偏差値表」の両方を使用するようにしましょう。「80％偏差値表」では非常に高い偏差値帯にあり「高嶺の花」にしか見えない学校が、実は「50％偏差値表」では手頃な偏差値帯にあるという場合もあるからです。受験者の学力の幅によってはそういうことが起こり得ます。合格確率50％が見込める学校が2校あれば、確率的にはどちらかの「高嶺の花」には受かるはずなのです。「80％偏差値表」だけを見ていると、このチャンスに気付けません。

●偏差値を利用した併願戦略ステップ④
入試当日の体力面・精神面での状態も考慮する

ここまで偏差値を最大限に利用した併願戦略の練り方を示してきましたが、これだけではまだ「机上の空論」です。現実的には受験生の体力面・精神面での波も考慮して併願戦略を固めなければいけません。

首都圏を例にとれば、中学入試はだいたい2月1日から5日の5日間に集中します。午後入試も盛んです。

1日と2日の2日間だけで午前・午後あわせて4回の入試を受ければ、理論上どこかに合格できる可能性は高まります。昨今は、入試当日の夜に合否が判明することも多いので、2月1日・2日の2日間で納得のいく合格を手にしておいて、精神的な余裕をもって後半戦に挑むという考え方もできます。

しかし、午前・午後と受験を続ければ、体力面・精神面での消耗が激しいことは言うまでもありません。2月3日に大きなチャレンジがある場合、あえて2月2日の負担を軽くしておくという考え方も必要です。

各校の合格発表のタイミングによって、そのあとの入試に向かう気持ちにも大きく影響します。

早めに出た合格に勢いづいて前向きな気持ちでのぞめば実力以上の力を発揮できるかもしれませんが、逆に落ち込んだ状態では100%の力を出し切れないかもしれない。その心理的影響も、あらゆるパターンをシミュレーションしておかなければなりません。

2月1日の午前と午後に受験して、午後入試の結果が1日深夜に判明し、その結果によって、2月2日の受験校を変える（強気と弱気の二択ができるように事前に2校に願書を出しておく）といういわば「スクランブル作戦」も昨今では珍しくありません。

12歳の子供ですから、心身のコンディションによって、入試でのパフォーマンスは偏差値にして5や10ほど簡単に上下します。ベストコンディションで受験させてあげることも、併願戦略を考えるうえでとても重要な観点になります。

まるで複雑なパズルを解くような作業のくり返し。親の論理的思考力が試されます。それがいかに難問であろうが、最適解を見つけ出す。それが、「中学受験必笑法」における、親の重要な役割です。

教科の枠を超えた「新型中学入試」の出現

以上が一般的な併願校選びのセオリーですが、実はいま、中学入試に大きな変化が起きていることにも触れておかなければなりません。

ひと言でいえば入試の多様化です。従来の４教科型・２教科型の入試とは異なる形式で実施される入試の増加。より具体的に言えば、「思考力型入試」「英語入試」「得意科目選択型入試」の拡大です。ペーパーテストの枠組みさえ超えた「アクティブ・ラーニング型入試」も登場しています。これらの入試の難易度は偏差値では推し量れません。

「思考力型入試」とは、国語・算数・理科・社会の枠組みを超え、思考力や表現力そのものを試すもの。一例を見てみましょう。聖学院の「思考力テスト」（２０１７年）の実際の入試問題です。

試験用紙をめくると「発見体験その1」の見出しとともに、8枚のカラー写真が掲載されています。ある国の民族の様子を写したとのこと。まずはこれらの写真を見て、気付いたことをなるべくたくさん書き出させます。さらにその気付いたことをもとにして、彼らがどのような人々で、どのような生活をしているのかを、想像で書いてみるという課題が与えられます。当然正解などありません。

次のステップでは、「発見体験その2」の見出しとともに、先ほどの写真について、資料が与えられます。その民族がどこの国のどの辺りに住んでいるのか、その地域の気温と降水量などがわかる資料です。その資料から気付いたことや考えられることを書かせます。

3つめのステップは「新たな問いの探究」。実際に写真の民族のところに行き、インタビューして、彼らについての発表を行うとしたら、自分だったら、どんな質問をして、どんなテーマで発表するかを記述させます。これももちろん正解がありません。

最後のステップは「200字要約」。クラスで発表するとしたら、どのようなことを、何に気をつけながら発表したいと思うか、200字程度でまとめます。

以上を50分間の試験時間で解く。

ほかにもたとえば、かえつ有明では「決める」という概念を中心として、さまざまな状況を想定して、多角的に問う45分間の入試が実施されました。入試に取り組む過程で、最終的には「平等」や「公平」の概念にまで発展します。東洋大学京北では、「哲学的思考力」と題して、「こころ」という一語から自分で問いを設定しその問いに対する答えを400字程度で記述するだけの50分間の入試が実施されました。

背景には公立中高一貫校の台頭と大学入試改革

2018年の中学入試では、首都圏に約300あるといわれている私立中学校のうち4割以上にあたる136校が思考力型入試を実施しました。すべての生徒を思考力型入試で入学させるのではなく、募集定員の一部を、そのような入試にあてているケースが多いようです。

思考力型入試が増えている背景には2つの理由が挙げられます。公立中高一貫校の適性検査と大学入試改革の影響です。

公立中高一貫校では、入学者選抜に際してたてまえ上、学力試験を行ってはいけないことになっています。そのため「適性検査」という形で入試を行います。教科別に直接的に知識の量や計算力を問うのではなく、与えられた文章や資料をもとに、その場で考えて答えを導き出せるように配慮された教科横断型の問題が多く出題されます。

しかし特に首都圏の公立中高一貫校は超高倍率です。合格は難しい。しかも、たとえば東京都には10校ありますが、全校が同じ日に適性検査を行うので併願ができません。私立中高一貫校受験と違って、「いくつか受けて、どこかに受かればいい」というわけにはいかないのです。

そこに、適性検査そっくりの問題を出す私立中高一貫校が出現しました。公立中高一貫校のための勉強をしてきたのに合格を手にできなかった子供たちの受け皿になろうというわけです。これが人気となり、同様の入試を導入する学校が増えました。

ふたを開けてみると、そのような入試で入学してきた子供たちは、従来型の入試を経て入学してきた子供たちと遜色《そんしょく》のない学力でした。むしろいままでは入学してこなかったタイプの子供が入学してくるようになり、学年のなかに多様性が生まれることがわかってきました。

最初は公立中高一貫校のおこぼれをいただくという消極的な意味合いの強い作戦だったわけですが、いまとなっては前向きな意味合いで適性検査型の入試を導入する学校が増えてきています。

公立中高一貫校と私立中高一貫校では学費に大きな差がありますが、成績優秀者を対象にした特待生制度や奨学金を用意する私立中高一貫校も少なくありません。調べてみると、2018年に思考力型入試を実施しており、かつ、何らかの特待生制度や奨学金がある学校は、首都圏に約100校ありました。

一方、大学入試改革の議論が早くも中学入試に影響を与えたのは次のようなメカニズムです。

多くの私立中高一貫校では、大学入試改革後の大学入試が受験生に求めるであろう「新しい学力観」に基づいて、教育内容の見直しを行いました。知識の詰め込みではなく、思考力を鍛える教科横断型の授業の開発などに取り組みました。

すると、教科ごとの授業では能力を発揮する場面が少なかった生徒が意外な能力を発揮する場面が増えることがわかったのです。これまで画一的な評価軸しかなかったがために光を当てられることの少なかった生徒たちにも光を当てられることがわかりました。

だとすれば、同じことが入試でもできないだろうか。そうすれば、多様な才能をもった生徒たちがお互いに良い刺激を与え合い、より良い集団が形成できるのではないか。

いわゆる偏差値的な学力の高い受験生を上から順に入学させるのではなく、多様なタイプの知性をもっている生徒たちを意図的に集めようということです。

その発想の延長線上に、「思考力型入試」だけでなく、「英語入試」や「得意科目選択型入試」も位置づけられます。

ここでいう「英語入試」とは帰国生を対象にした入試ではありません。日本に住んでいながら、習い事として学んできた英語の能力を評価しようというものです。2018年の中学入試では、112校が英語入試を実施しました。

「得意科目選択型入試」とは、算数1教科だけ、もしくは算数と理科の2科目だけというように、得意教科だけを評価対象にする入試のことです。

4教科をまんべんなく勉強しておいた受験生のほうが中学校以降の学びにも有利なはずだと思われがちですが、実際には、1教科で突出した成績を修めた受験生が、入学後、ほかの教科でも成績を伸ばすケースが報告され、いわゆる「バランス論」が崩れました。12歳時点の子供に、好き嫌いのばらつきがあるのは当然。「1教科でも得意な科目があれば、精神の発達とともにほかの分野も伸びる潜在能力がある」ととらえられるように、学校側の評価基準が変わってきているのです。

中学入試もアクティブ・ラーニング形式に

ペーパーテストの枠組みを超えたユニークな入試が「アクティブ・ラーニング型入試」です。例として、聖学院の「ものづくり思考力入試」（２０１６年）の問題を見てみましょう。

試験会場の真ん中にはレゴブロックが入った箱が置かれています。１００分間の試験時間で解くべき問題は３問のみ。問１は、『自分の得意なこと』をＬＥＧＯで表現しなさい。また、出来上がった作品について１５０字程度で説明をしなさい」。試験開始と同時に、受験生たちは自分の座席を離れ、箱の中から必要な色と形のレゴブロックを選びに行きます。

問２は、ある国の気候、米の生産・輸入量、月別の降水量などの資料をもとにその国の問題点を考えて、ブロックで表現するというもの。その作品についても１５０字程度で説明させます。

問３は、自分が問２の解決策にどのようにかかわれるのかを、問１と問２の作品を合体させて表現し、１５０字程度で説明するというもの。

２０１８年度入試では聖学院はこの形式の入試に10名の募集枠をあてました。「脱ペーパーテスト」の入試といっても過言ではありません。

学校がホームページ上で発表する解答例を見てみましょう。ある受験生は、問１で「野球」を表現しました。問２ではレゴブロックで「船」を模《かたど》り、それを使って国外脱出するべきだと書いたそうです。どちらも小学生らしいではないですか。しかし問３で、野球が得意なことを、船での脱出にどう活かすのか？　彼は、野球の試合で観戦料を稼ぎ、その国に渡せばいいと解答しました。

奇抜な入試に見えるかもしれません。しかし思い付きのようにレゴブロックを使用したわけではありません。企業研修などにも用いられる「レゴシリアスプレイ」というメソッドのファシリテーター資格をもつ教員が、そのメソッドを応用して考案した入試なのです。

記述が苦手な子でも、言語化できていないイメージをブロックで表現してからそれを説明させることで、書けるようになることがあります。完成度の高い作品を求めているのではなく、「なぜこの形にしたのか」「なぜこの色にしたのか」を追い求めて説明できる子、問題解決に向けて努力できる子に入学してほしいという思いが込められています。

２０１８年にはほかにもたとえば、次のような入試が実施されました。

日大豊山女子の「思考力型入試」は、与えられたいくつかのテーマのなかから、興味のあるものを1つ選び、選んだテーマについて図書館の中の書籍やタブレット端末を利用しながら情報を集め、1枚の用紙にまとめ、発表するというもの。発表では、「自分の言葉で、論理的に話すことができたか」「根拠となることが客観的な事実に基づいているか」「幅広い視野を持って物事を見ているか」などが評価のポイントになります。

かえつ有明の「アクティブラーニング思考力特待入試」は、60分間のなかで1つのテーマについてグループで意見を出し合って、新しい概念をつくり出し、それを粘土やおりがみで表現するというもの。２０１７年には「権利」というテーマが与えられ、「新しい権利」をみんなで議論し、表現しました。さらにほかのグループの作品を見て感じたことをふせんに書いたり、活動全体を振り返った感想を用紙に記述したりもします。

共立女子の「英語インタラクティブ入試」は、英語による「インタラクティブトライアル」と「算数」による2科目の入試。「インタラクティブトライアル」では、ネイティブの先生とのグループワーク形式で、ゲームをしたり対話をしたりしながら英語でのコミュニケーション能力を見るもの。帰国生を対象にしているわけではなく、あくまでも習い事として英語をがんばってきた子供たちの成果を試す主旨になっています。

4例はいずれも、それぞれの学校で普段行っているアクティブ・ラーニング形式の授業を入試に応用したものです。いきなりこんな試験を受けさせられたら受験生だってびっくりしてしまうでしょう。でも安心してください。各校では入試説明会のなかで、アクティブ・ラーニング型入試そっくりの体験授業を行っています。そこに参加をして、「楽しい！」と思えたら、偏差値に関係なく、その学校に合格できる可能性は高い。

新型入試で入ってきた生徒たちは、あとから伸びるだけでなく、自己肯定感も高いと、多くの教員が口をそろえます。偏差値で輪切りにされたのではなく、自分の得意な部分、自分の好きな部分を評価してもらえたという実感があるからです。そしてまた、自分とは違う多様な入試で入学してきた同級生にもそれぞれに得意なものがあるはずだという尊敬の念も生まれやすい。まさに笑って終われる中学入試の新形態といえるのです。

はじめは生徒集めに苦慮する中堅校が実施するイメージがありましたが、いまとなっては人気校も実施するようになっています。

千葉県私立御三家の一角・東邦大学付属東邦は「推薦入試」を始めました。奈良の超進学校・西大和学園は「21世紀型特色入試」を始めました。大妻中野は「新思考力型入試」を始めました。2019年からは、慶應湘南藤沢が英語入試を新設することが決まっています。英検2級から準1級のレベルを求めるとのことで、英語が得意な受験生を多く集めるのではないかと見られています。さらに、国立お茶の水女子大学附属中学校は2021年から4教科型の入試をやめ、「検査Ⅰ・Ⅱ・Ⅲ」の3種類からなる「入学検定」を行うことを発表しています。

偏差値に代わる新学力基準「思考コード」を知っていますか？

入試がここまで多様化すると、従来の4教科・2教科型の「偏差値」がだんだんと意味をなさなくなってきます。中学受験における「できる子」の概念が変わります。それこそが、中学入試にいま起きている大きな変化の本質です。

そこで首都圏中学模試センターでは、2016年から、中学入試用の模擬試験の結果に、一般的な「偏差値」とは別に「思考コード」と呼ばれる指標を設けました。知識量や計算の速さが有利に働いてしまう「偏差値」に対し、思考力そのもののレベルを評価しようとする試みで、アメリカで開発された「教育目標分類学（通称ブルーム・タキソノミー）」がベースになっています。

ＯＥＣＤ（経済協力開発機構）のＰＩＳＡ（学習到達度調査）も、ヨーロッパの言語運用能力基準ＣＥＦＲも、国際的な学校評価機関である国際バカロレアのディプロマポリシーも、イギリスやアメリカで全国的に実施される「標準テスト」も、「教育目標分類学」をベースにしています。

首都圏中学模試センターの「思考コード」では、「思考力」を、縦3段階×横3段階の9領域で表現します。上に行けば難易度が上がります。右に行けば思考のレベルが上がります。「フランシスコ・ザビエル」を題材にした図1を見ると意味がわかりやすいでしょう。横軸Ｃの領域ではもはや正解がないことがわかると思います。

実は前出・聖学院の「思考力テスト」の設問は、ＡからＣへと、まさに思考レベルを駆け上がるステップ設定になっています。

首都圏中学模試センターの各種模試では、4教科の各設問が、思考コード上のどの領域に該当する問題なのかが分類されており、その正答率によって、受験者の思考力の傾向がわかるようになっています。

4教科入試でも、御三家レベルになると実はＣ2の領域の問題までが出されています。中堅校レベルであれば、Ｂ2までに対応できれば合格できます。公立中高一貫校の適性

図1 思考コード

変換操作	全体関係	**変容 3**	A3 ザビエルがしたこととして正しい選択肢をすべて選び年代の古い順に並べなさい。	B3 キリスト教の日本伝来は、当時の日本にどのような影響を及ぼしたのか、200字以内で説明しなさい。	C3 もしあなたが、ザビエルのように知らない土地に行って、その土地の人々に何かを広めようとする場合、どのようなことをしますか。600字以内で答えなさい。
複雑操作	カテゴライズ	**複雑 2**	A2 ザビエルがしたこととして正しい選択肢をすべて選びなさい。	B2 キリスト教を容認した大名を一人あげ、この大名が行ったこと、その目的を100字以内で説明しなさい。	C2 もしあなたが、ザビエルだとしたら、布教のために何をしますか。具体的な根拠と共に400字以内で説明しなさい。
手順操作	単純関係	**単純 1**	A1 （ザビエルの写真を見て）この人物の名前を答えなさい。	B1 ザビエルが日本に来た目的は何ですか？ 50字以内で書きなさい。	C1 もしあなたが、ザビエルの布教活動をサポートするとしたら、ザビエルに対してどのようなサポートをしますか。200字以内で説明しなさい。
（数）	（言語）		**A 知識・理解思考** 知識・理解	**B 論理的思考** 応用・論理	**C 創造的思考** 批判・創造

※首都圏中学模試センターホームページより

検査や思考力型入試では、求められる知識レベルは中堅校レベルで十分ですが、「あなたの意見を述べなさい」というようなＣの領域にまで踏み込む問題も出されます。

Ａ１やＡ２は相対的に弱いけれど、Ｂ２やＣ２にはめっぽう強い子というのもときどきいます。そういう子が「思考力型入試」には有利です。そこを鍛えるのは、従来型の中学受験問題集をいかにたくさんこなしたかではなく、普段の生活から自分の目で見て調べて、自分の頭で考える癖をつけているかどうかです。

昨今の中学受験勉強は、塾業界が精製に精製を重ねてきた問題集をどれだけ大量にもれなく仕上げたかが合否を分けるようになってきています。子供だけにまかせておくと限界があるので、親も加わり、あの手この手で少しでも多くの課題をこなせるように仕向けるのが一般的です。

結局、大量の課題をこなす処理能力と忍耐力と、与えられたものに対して疑いをもたない従順さの3要素をもつ受験生が〝偏差値長者〟となるしくみです。

しかし入試が多様化すれば、中学受験生を評価する軸も多様化します。もちろんできる範囲で4教科をバランス良く学ぶ努力をすることは大事ですが、従来の4教科型の偏差値をめぐる競争ばかりに必ずしもエネルギーを注がなくてもよくなります。

ただし、思考力型入試の形式は学校によって大きく傾向が異なるので、一律の対策は難しい。

期待を込めて言えば、今後、新しいタイプの中学受験塾が出現するかもしれません。従来の中学受験の基本問題のレベルの勉強は一通りやったうえで、そこからさらに問題を解く速さや正確さを向上させることに時間を費やすのではなく、自分の興味・関心に従った探究学習をどんどん進めていくような塾です。そしてそのような学びの経験は、入試の結果がどうであれ、決して無駄になることはないでしょう。

大学入試改革には、大学入試のルールを変えることで、高校入試や中学入試のルールを変え、最終的にはこの国の学びの形を変えていこうという思惑があります。しかし2020年以降の大学入試改革を待たずして、中学入試は大きな変化を始めています。むしろ新しい中学入試が、この国の学びを変える牽引役になるかもしれません。

必笑Q&A

Q 娘は共学を希望。でも親の私は女子校に行ってほしいと思い、対立しています。

もうすぐ小6ですが、志望校が定まりません。娘は共学でなければ嫌だとずっと言っていますが、私は、自分自身が中高一貫の女子校で育ったので、女子がのびのびできるのは女子校だと思っています。

意見が対立して何度も喧嘩しましたが、やはり娘の希望を優先したほうがいいのでしょうか？　娘は性格が大人しいので、なおさら女子校のほうがいいと思うのですが……。

A 自分で選べばこそ、つらいことがあっても乗り越えていけるのです。あくまでも娘さんの判断で決めた形にしてください。

子供が自分の意思をもてないならば、親が方向付けをしてあげることも必要な場合がありますが、娘さんは明確に自分の理想の将来像をおもちのようですね。立派です。

お母様は娘さんの性格を考えて、女子校進学を希望しているようですが、親子喧嘩になるほどに娘さんの意志が固いのであれば、価値観の押しつけは火に油。ますます娘さんを意固地にしてしまうでしょう。

自分が明確に目標を掲げているのに、それを親から否定されることほど子供の力を奪うものはありません。そのせいで、せっかくの娘さんの成績が下がってしまうのではないかということがいちばん心配です。

それに、お母様の望む学校に進学したとして、そこで娘さんの望まないことが起きたとして、それをお母様のせいにされたらお母様はどうなさるおつもりですか？娘さんは納得してその状況に立ち向かうことができると思いますか？ 娘さんが自分で選べばこそ、少々のつらいことがあっても、「自分で選んだのだから」と思って乗り越えていくことができるのではないでしょうか。

最終的に女子校に進学することになってもいいのですが、あくまでも娘さんの判断で決めた形になるようにしてください。

娘さんにお母様の気持ちを理解してほしいなら、まず大人であるお母様が娘さんの気持ちを理解してあげるのが先ではないでしょうか。

Q 志望校目指して一心に勉強しても偏差値が届きません。

男子校に通う近所のお兄さんに憧れて、息子は小4のときに「中学受験をしたい」と言い出しました。以来、親が何も言わなくても机に向かって毎日コツコツ勉強しています。誰に似たんだろうと不思議なくらいです。

現在小6。しかしいまの成績では憧れのお兄さんと同じ男子校には手が届きそうにありません。偏差値にして15ほど足りません。塾の先生は「まだあきらめる必要はない」と励ましてくださいますが、それも息子の熱意に負けて言ってくれているだけではないかと私は感じています。

本人の希望ですから、親としてできることは何でもしたいと思っています。でも、このまま偏差値が上がらず不合格になったら、大変なことになってしまうのではないかと心配で、最近は夜も眠れません。夫は「たかが中学受験、ダメなら公立に行けばいい」と言うだけです。

目標をその学校だけに絞らず、もう少し余裕をもたせたいと思っています。あんなに夢を抱いている息子の気持ちを損なわない言い方はないでしょうか？

A 「ダメかもしれないから」ではなく、「せっかくだからいろいろな学校も」と視野を広げるアドバイスをしてみては？

息子さんすごいですね。自分から受験したいと言い出しただけでなく、自分から机に向かってコツコツ勉強ができるのですね。それだけでも才能だと思います。現時点での偏差値では、憧れの志望校に届いていないとのことですが、塾の先生が「なんとかなる」とおっしゃるのであれば、あきらめることはないと思います。

もし毎日前向きにコツコツと勉強をされていながら、なかなか成績が伸びていないのであれば、勉強のやり方が間違っている可能性もあります。そのあたりは塾の先生とよくご相談されるとよろしいかと思います。

ただし、どんなに優秀な子がどんなに努力をしても、望み通りの結果にならないこともあるのが中学受験。お母様がおっしゃるように、目標を憧れの学校だけに絞らず、いろいろな学校について知ることもいいのではないかと思います。憧れの学校を第一志望としながら、ほかの学校についても知ることは、決して矛盾しません。

「ダメかもしれないからほかも……」という言い方ではなくて、「せっかくだからいろいろな学校についても調べてみよう。知らない学校がまだまだあるから、もっといい学校が見つかるかもよ」というように、視野を広げる意味で伝えてみたらいかがでしょうか。それも息子さんの可能性を広げるために親ができる、重要なサポートのひとつだと思います。

「絶対にあの学校に行きたい！」と強い意志をもつことは中学受験にのぞむうえで必須です。同時に、お父様の言う通り「たかが中学受験」というのも真実です。たかが中学受験に一生懸命になれること自体が尊いのです。そして、どんな結果であれそれを受け入れる覚悟をもつことは、さらに尊いことだと思います。

● ● ●

Q 娘の希望は低偏差値の学校。もっと上を目指すようすすめたほうがいいでしょうか。

娘は受験を決めた当初から憧れの学校があり、どうしてもその学校に行きたいと言います。その学校は娘の偏差値から15ほど下の学校です。偏差値は低いけど良い学校であると私も思っています。でも実際それくらい偏差値に差があると、入ったときにどうでしょうか。

御三家レベルになんとか届いたとしても、優秀な生徒のなかで底辺に位置してしまってつらい思いをするくらいなら、ゆとりのある学校で上位にいてのびのびとできるほうが良いのかなと思ったりもします。

A 偏差値にとらわれず憧れの学校が言える娘さんはあっぱれ！ その希望を認めたうえで、他校も検討して可能性を広げましょう。

「目指す学校の偏差値が現実よりも15も上で……」ということはよくありますが、その逆なんですね。お母様は御三家を狙わせたいと思っていらっしゃるようですね。

まず、高いレベルの学校に行かせることについては心配はいらないと思います。

御三家の中学には、各小学校で1番だったような子供たちばかりが集まってきます。当然そのなかでビリになる生徒もいるわけです。もしそのことで子供が劣等感を感じているようなら、それは「そんな成績じゃダメじゃない！」などと言う親のせいである可能性が高いと思います。

みんなできる子たちばかりで、力は拮抗していますから、がんばれば順位なんてすぐに回復できます。逆に、ビリでもまあいいやと思えるなら、それもそれでひとつのスタンスです。常に優等生の役割を果たさなければいけなかった神童たちが、優等生を演じ続けるのをやめられることも、トップ校に行くひとつのメリットだと私は思います。

が、今回のご相談の主旨はそこではないですよね。娘さんの目標が低すぎるのではないかということですよね。それだけ余裕がありすぎると、もしかしたら入学してから物足りなさを感じることは可能性としてはありますね。娘さんの性格次第ですが。

それにしても、偏差値にとらわれず、自分の憧れの学校を言える娘さんはあっぱれです。年収や肩書きでひとを判断してしまう大人に、爪の垢《あか》を煎《せん》じて飲ませたいくらいです。

「偏差値にとらわれないで、自分の目標を自分の価値観で決められるあなたはすごい！」と、娘さんの決意をしっかり評価してあげたうえで、「でもほかにもたくさんいい学校はあるみたいだから、可能性は閉じずにいろいろな学校を見てみましょう」と話してみてはいかがでしょうか。

お母様がいいなと思っている学校があるのなら、そのことは伝えていいと思います。「お母さんは、この学校、あなたに合っていると思うんだけどな」なんて言いながら、どういう学校が娘さんに合っている学校なのかを話し合うのも大切だと思います。

でも決して価値観を押し付けたり、説得しようとしたりはしないでください。逆効果になる可能性が高いですから。まずは娘さんの気持ちをしっかり受け止めてあげること。自分の考えをしっかり受け止めてもらえているという安心感があってこそ、娘さんの視野も広がりお母様の意見も聞いてみようという気持ちが湧いてくるはずです。

● ● ●

Q 第二志望に進学。本人は気に入っている学校なのに、夫が否定的で困っています。

息子の中学受験が終わりました。結果は第二志望進学ですが、本人も私も満足しています。しかし夫だけはその学校のことが気にくわないらしく、「あんな学校に入れた時点で将来は望めない」などとひどいことを言います。

私は首都圏で生まれ育ち、私立中校一貫校から私立大学・大学院を修了して技術職に就いています。夫は公立優位の地方出身。トップ県立高校から現役で旧帝大に進学し、現在大手企業に勤めています。

夫婦の育った環境が違うなか、中学受験に否定的だった夫を押し切る形で突き進んだ私のやり方にも問題はあったと思います。息子自身も中学受験を望んだのですが、勉強の仕方が甘かったことは否めません。

それにしても、まだ入学式も迎えていないのに、夫は息子に「この学校でビリに近い成績で入学なのだからもっと勉強しろ」と毎日怒鳴りつけています。せっかく合格をいただいたのに、なぜこんなに悲しい思いをしなければいけないのか。息子の自己肯定感が下がってしまうことが心配です。

A 息子さんを応援してあげてください。葛藤を味わいながらも、父親という壁を乗り越えて、たくましく育つでしょう。

合格おめでとうございます。そしてお疲れ様でした。第一志望ではなかったということですが、息子さんが気に入った学校に進めて良かったですね。しかしお父様はそのことに対しての理解がないのですね……。残念ですし、困ったものですね。教育とは何か、親の役割とは何か、あまり考えたことがないのかもしれません。自分ではない、世間の評判が、価値基準なのかもしれません。

地方には地方の公立文化があり、東京には東京の私学文化があり、それぞれの出身者はそれぞれの文化しか知らないのですから、こういうことは少なくありません。

中学受験がせっかく終わって、見事合格を勝ち取ったというのに、毎日怒鳴られるというのでは息子さんが気の毒です。お父様には冷静になってほしいところですが、ひとはそう簡単に変われません。お母様が間に入って息子さんを守ってあげなければいけませんね。

「お父さんにはお父さんの価値観がある。それはそれで認めてあげなければいけないわね。でもあなたの人生はあなたの人生。自分の選んだ学校に誇りをもって通いなさい。お母さんはこの学校が大好きだよ。そこでほかでは出会えなかったものに出会えるはずだから、大事に6年間を過ごしなさい」などと語りかけてください。

それでも息子さんは葛藤を味わうでしょう。今後本格的な思春期を迎えたら、父子の衝突があるかもしれません。しかしそれも、息子さんにとっていずれは越えなければならないハードルなのでしょう。

父親という壁を乗り越えていくのは息子さんにとっては大変なことです。しかもお父様の壁は、相当に高くて分厚そうです。必死に父親という壁を乗り越えようとする息子さんを見ていることはお母様にとってはとてもつらいことかもしれません。でも、壁を乗り越えるのは息子さん本人でしかありません。息子さんを信じ、応援してあげてください。これだけ高くて分厚い壁を乗り越えることができれば、息子さんはきっとたくましく育つでしょう。

一方、いままさに、夫婦の葛藤もあるでしょう。夫婦とはいえ価値観を完全に一致させることは至難の業。無理に価値観をどちらかに合わせようとするのではなく、それぞれの価値観を認め合えるといいですね。

価値観が違うと葛藤も増えますが、その分、子供が育つ環境に価値観の幅があるともいえます。息子さんはその広い価値観の幅のなかで、きっと自分なりの価値観を見出すはずです。

第4章

「最強の親」は、わが子を尊敬できる親

「あなたのため」は呪いの言葉

わが子に中学受験をさせようというような親は、例外なく教育熱心です。わが子のためなら何でもする。そんな覚悟が感じられます。しかし皮肉にも、教育熱心過ぎる親が、子供を過度に追いつめてしまうことがある。それを近年「教育虐待」と呼びます。いわば「中学受験のダークサイド」です。

「虐待」などというとひどい親を思い浮かべるでしょう。しかし、教育虐待をしてしまう親のほとんどは「あなたのため」だと本気で思っているのです。中学受験生の親であれば、誰でも加害者になる可能性を秘めています。

最悪の場合、命にもかかわる問題ですが、そもそも教育虐待は気付かれにくい。追いつめられた子が親を殺す事件は、大きく報道されますが、追いつめられた子が自殺した場合には、原因もよくわからないまま、自殺件数の一つとして記録されるだけで終わってしまいます。

高学歴が得られるのであれば、怒鳴ろうが、叩こうが、心を傷つけようが、結果オーライではないかという考え方があるのかもしれません。それで実際に受験の〝勝ち組〟

になっていく子供たちもいるのでしょう。

しかしそれで潰れてしまう子供もいます。A君が厳しく勉強させられて最難関中学に合格したからといって、まったく同じ質と量の勉強にB君が耐えられるとは限らない。たまたまそういうことに対する耐性があるかないかの違いです。

また、仮に受験の世界では〝勝ち組〟と呼ばれるような結果を残しても、実は教育虐待の被害者が、大人になっても精神的に追いつめられ続けていることがあります。世間的には「成功者」と思われているひとが、実は心に深い闇を抱えており、常に不安や恐怖を感じていることもあるのです。

理性の皮を被った感情による暴力

「これくらいのことができないなら死んでしまえ！」とか「あなたはクズ」などとむやみに怒鳴ったり叩いたりする親は、実は少数派ではないかと思います。多くの親は、子供を叱るのに十分な理由を見つけてから、その正論を振りかざします。「この子が約束を破ったから、そのことを叱っている」などと、親には親なりの理屈があるのです。そうやって「自分は感情的に怒っているのではない」と自分に言い訳しながら、しつけや教育的指導と称して罵声《ばせい》を浴びせたり、罰を与えたりするのです。

しかし結局のところ言外に伝えているメッセージは、「あなたは自分で言ったことも遂行できないダメ人間だ。だから成績が悪いのだ」です。子供に反論の余地はありません。逃げ場を塞がれ、完全に追いつめられる。

いわば、理性の皮を被った感情による暴力です。

自律を学ばせるために、親子でルールを話し合い、それを守らせること自体は立派な教育です。しかしやり過ぎれば約束を盾にした容赦ない攻撃になってしまいます。どこからが「教育虐待」なのか、明確な線引きはきっとありませんが、親であれば誰でも一度や二度、「もしかして、必要以上に傷つけてしまったかも……」と思い当たる節があるのではないでしょうか。

●子供を追いつめるNGワード①

「どうしてできないの？」

「どうしてできないの？」は、子供の勉強を見ているとつい言ってしまう言葉の代表格でしょう。

本来であれば、「この子はなぜこんな簡単に見える問題が解けないのだろう。この子にとってはどこが難しいのだろう。どうやったらこの子にもこの問題の解き方がわかるようになるだろうか」と考えるべきところであるはずですが、つい「どうしてできないの？」というひと言に集約されてしまう。

すでにそこには「どうして？」という優しい問いかけのニュアンスはありません。「こんな問題ができないあなたはバカだ」という言外のメッセージが、子供を直撃します。いわば「疑問」の形をした罵声《ばせい》です。

まわりの子供たちができているのになぜうちの子だけできないのかと思うことは、中学受験勉強のなかでたびたびあるでしょう。でも勉強に限らず一般論として、みんなができるようなことは、そのときが来さえすれば誰でもできるようになるものです。

それでも親は焦ってしまう。「今度のテストまでにできるようにしなければ」などと思うから。だから、「いまはできない」という子供の現状を受け入れることができない。子供をいま、この瞬間に変えてやろうと思ってしまう。

それでもってプロでもないのにあの手この手で教えようとします。でも教え方もうまくはないので子供はますます混乱する。自分は一生懸命教えているのに、それを理解してくれない子供にますます腹が立つ。そこでつい「どうしてできないの？　ちゃんと考えなさい！」と言ってしまうのです。

「どうしてできないの？」と言われても、本人だってどうしようもありません。何の解決にもならない非生産的なフレーズです。それどころか、問いつめられれば問いつめられるほど、頭は真っ白になるものです。できない自分のイメージが強化されます。だからますますできなくなります。

「どうしてできないの？」が口を突きそうになったときにはぐっとこらえて、まずは深呼吸でもしましょう。どうすればできるようになるのか、うまいサポートの仕方をちゃんと考えなきゃいけないのは親のほうなのです。

●子供を追いつめるNGワード②
「やるって言ったじゃない！」

もう1つ、よくあるのが「約束」です。

たとえばテストで悪い点をとってしまったとき、その成績を見ながら親が説教を始めます。でもその場では激高しません。「どうしてこうなったと思う？」「これからはどうする?」などと、あくまでも冷静に、原因と対策について話し合う姿勢を見せます。

ヘビににらまれたカエルのような状態の子供は、反省点と改善策を話すでしょう。「具体的にはどうするんだ?」と親はさらに問いつめます。たとえば「これからはテレビゲームをやる時間を減らして、毎日3時間勉強する」などと、子供は応対するしかありません。ほとんど誘導尋問ですが、こうやって子供は約束さ、せ、ら、れ、るのです。

約束したときには子供も本気です。でも人間そんなに強くはありません。ましてや子供。しばらくすると気が緩み、約束が破られてしまうということが起こります。

これが赤の他人同士なら、多少約束が不履行になっていても気付きません。しかし同じ屋根の下で暮らす家族同士、しかも親子であれば、約束不履行はすぐに発見されてしまいます。

「あなたは約束を破った」「やるって言ったじゃない!」。親はそのことを責めます。約束を破るのは人の道に反することだとされているので、親はそれを厳しく叱る正当性を得たのです。子供は言い逃れができません。完全に追いつめられてしまいます。勉強ができないことを叱られるだけでなく、人格まで否定されてしまうのです。

毎日の運動が持続できない、つい間食をしてしまう、ストレスのせいで深酒をしてしまうなど、親にだって人間としていたらない部分はたくさんあるはずなのに、それを棚に上げて、子供には完璧を要求してしまうのです。

イラ立ちの原因は必ず自分のなかにある

わが子が簡単な問題でミスをするからイラ立つのではありません。子供にとっては難しい問題であっても、「これは簡単な問題だ」と決めつけるからイラ立つのです。簡単な問題を間違えてしまうことは誰にだってあるはずです。それなのに、「簡単な問題は100%正解しなければいけない」という信念をもっているからイラ立つのです。大方の簡単な問題は正解しているのに、視野を全体に広げようとせず、たまたま間違ってしまった1問や2問にだけ意識を向けるから、イラ立ちが収まらないのです。

イラ立ちや怒りを感じたとき、まずその原因を自分以外の何かに求めるのをやめましょう。そして、自分のなかのどんな信念や思い込みがイラ立ちや怒りを継続させているのかを考えてみてください。イラ立ちや怒りを完全に取り除くことは難しいかもしれませんが、わが子だけを悪者にする心理からは抜け出せるはずです。

つい子供を叱り過ぎてしまったり傷つけてしまったりということは、誰でも経験します。でも、勇気をもって自分の未熟さと向き合うことができれば、どこかでブレーキがきくようになります。そうやって少しずつ、手前でストップができるようになればいいのです。そうやって親も成長していくのです。

プロの塾講師であっても、「わが子だけは教えられない」と苦笑いをするのを私は何度も見ました。お預かりしている子供であれば、プロとして客観的な立場に立って適切な指導ができます。しかし、わが子となると、プロの塾講師でも、どうしても感情的になりやすいというのです。子供のほうも、相手が自分の親だとつい甘えが出てしまう。それがまた、親からすると許せなかったりする。そして、親子関係が悪化するのです。

プロですら難しい。ましてや素人の親がわが子に勉強を教えるのは、あまりにリスクが高いと断言していいでしょう。子供にとってはありがた迷惑もいいところ。

ある塾講師は私にこう教えてくれました。「親が下手に教えて子供を凹ませてしまうくらいなら、わからないままにしておいてくれたほうが、こちらとしては何倍もやりやすい」。

多くの塾で「保護者は勉強を教えないでください。子供の勉強を見守り、励ます、サポーターに徹してください」と訴えるのはそのためです。

ある意味では、中学受験は残酷なまでに親の未熟さをあぶり出すイベントです。わが子がテストの結果と真摯に向き合い努力を重ねているというのに、親が自分の未熟さから目を背けていては、親子関係がギクシャクするのは当然です。結局のところ、中学受験を笑顔で終えられる親子とは、子供のみならず親自身も、中学受験という機会によって自らを変え、成長できた親子なのです。

「捨てる勇気」こそ「親の責任」

否応なしに中学受験親子を追い回すのが、塾の大量の宿題です。いい成績をとるためには、当然たくさんこなしたほうがいい。親はあの手この手で少しでも多くの宿題を、子供にやらせようとします。

しかし「馬を水場に連れて行くことはできても、水を飲ませることはできない」という諺《ことわざ》があります。

水場に連れて行くといつでもガブガブと水を飲んでくれる馬もなかにはいるかもしれませんが、思い切り草原を駆け巡って喉がカラカラになってからでないと水を飲んでくれない馬もたくさんいます。後者の場合、無理矢理水場に連れて行くこと自体が、時間と労力の無駄になるわけです。

だから多くの教育者は、「本人がやる気になるまで待つことが大事だ」と言います。〝１００％の正論〟ですが、実際のところ、なかなか水を飲んでくれないと、親としては焦ります。

でも結論から言えば、塾の宿題は全部やる必要はありません。

どんなに栄養がある食事だって、消化が追いつかないほど大量に食べれば嘔吐を促し、体力を減らすだけになります。適量を摂取するのがもっとも効率がいい。勉強も同じです。吸収できないほどの量を無理矢理押し込んだところで、役には立ちません。宿題の量が多すぎると感じるのであれば、わが子にとっての適量を調整してやるのが親の役割です。ときには捨てる勇気も必要です。

特に大手進学塾では、上のほうのレベルの生徒に合わせて宿題の量が考えられているので、下のほうのレベルの生徒には負荷が大きすぎることがあります。そこは各自調整していいのです。そして、宿題のなかで、優先順位が高いところと低いところは、講師がいちばんよくわかっています。それを率直に聞けばいいのです。

親と塾講師の間でそういうコミュニケーションがあれば、宿題が全部終わっていなくても、子供は堂々と塾に通えます。着実に力をつけ余力が出てきたら、少しずつ宿題をやる量を増やしていけばいい。そのプロセスをすっ飛ばし、上の子たちに追いつくためにむやみに負荷を上げたりすると、悪循環を招き、たいがいろくなことにはなりません。

仮に塾の先生からはもっとやったほうがいいとアドバイスされても、親の目から見て「いまの状態でこれ以上やらせても、効果は期待できない」と思うのなら、「それ以上やらなくていいよ」と言ってあげることもときには必要です。塾の先生にも堂々と事情を説明しておきましょう。そういうときこそ、〝親の責任〟の出番です。

アクセルを踏み込むのはあくまでも本人の意志。隣にいる親が勝手にアクセルを踏んでしまうのは事故のもととなります。逆にこれ以上アクセルを踏み込んだら危ないというときにブレーキを踏んでやることこそ、親の役割だと心得てください。それが中学受験親子の理想の信頼関係です。

そういう客観的な判断ができるために、親はあくまでも第三者として子供を支える立ち位置にいたほうがいい。その意味で、子供に勉強を教えるのは、よほど自分の自制心に自信がない限りやめておいたほうがいいでしょう。どんどんやらせたくなってしまい、ついアクセルを踏んでしまうからです。

学歴コンプレックスと高学歴はコインの裏表

子供を追いつめてまで勉強させる親には、大きく分けて2つのタイプがあります。

1つは学歴に対するコンプレックスがあること。

自分には学歴がなくて苦労したという親は、子供になんとしても高学歴を授けようとします。英語の苦手なひとほど子供に英語を学ばせたがるのと同じです。若いころに自分が勉強しなかったこと、あるいはいい学校に入れなかったことを強烈な失敗体験として自分の人生に刻んでおり、同じ失敗を子供に味わわせたくないと強く願ってしまうのです。

しかし親の失敗を回避すること自体が目的化してしまっては、子供は自分の人生を歩めません。人生に主体性もなければ自信ももてません。だから何かうまくいかないことがあるとすぐに他人のせいにする、社会のせいにする。いつまでたっても精神的な自立ができない。それではいくら高学歴を授けられたとしても、良い子育てとはいえません。

もう1つは、自らの受験人生において〝負け知らず〟の親。

たいていの場合、ひとは、人生のどこかで回り道を余儀なくされ、その道程で思わぬ出会いに恵まれ、最短ルートを行くだけが人生じゃないと悟るものです。そこから人生の視野が広がり、味わいが深まります。しかし幸か不幸か常に最短ルートを進むことができてしまったひとは、最短ルートから外れることを過度に恐れます。子供ができれば、子供にも最短ルートを歩ませなければいけないと思い込んでしまいます。ある種の強迫観念です。それ以外の生き方を知らないから。これが高学歴の親が陥りやすい心理です。

自分の知らない道を歩ませるのは怖いので、わが子にも自分と同じ道を歩かせたいと望んでしまう。そうやって自分の恐怖をわが子に引き継いで、自分だけ安心しようとする。しかし親の恐怖を引き継いだ子供もまた、恐怖を感じながら人生を歩まなければならなくなります。高学歴は手に入れられるかもしれませんが、常に不安な人生です。それが本当に子供のためだといえるでしょうか。親自身が、恐怖心から逃れたいだけではないかと私は思います。

さらにやっかいなのは、2つのタイプのハイブリッドです。一見高学歴であっても、実は東大に不合格になり仕方なく早稲田に行ったなどというパターンの親。成功体験と屈辱体験の融合が、わが子への歪んだ期待をもたらします。「子供には成功してほしい」という顕在的な願いと、「子供にも挫折を味わわせなければならない」という潜在的な欲求が心の中に共存しています。だから、自分の成功体験に基づいてわが子を激しく鼓舞する一方で、わが子の努力や成長を素直に認めてやることができず、「お前はまだまだダメだ」というメッセージを発し続けてしまいます。それは実は、過去の自分へのダメ出しなのです。

学歴コンプレックスがあるにせよ、高学歴ルートから外れるのが怖いにせよ、人生の成功を学歴にとらわれているという意味で同じです。コインの裏表でしかありません。「学歴がないとまともな人生を送れない」という恐怖心を植え付けることで子供をコントロールするのが教育虐待の基本構造になっています。

親のエゴが暴走する

巷には「頭が良くなる勉強法」や「東大に合格するための習慣」などの本がたくさんあります。しかし人間はロボットではありません。誰かの成功体験をそのままあてはめても、同じような結果が出るとは限りません。当たり前です。

しかしダークサイドに堕《お》ちてしまった親にはそれがわかりません。「自分はさまざまな方法を調べて、正しいやり方でわが子を教育しているのに……。うまくいかないのはこの子がちゃんとやっていないからだ！」となってしまいます。その焦りが、過度な叱責や強制的な勉強につながります。

そもそも教育によって得られる成果はひとによって違います。あるひとは勉強して身に着けた知識と技能を利用して、画期的な発明を成し遂げ、大金持ちになるかもしれません。あるひとは勉強して身に付けた教養とコミュニケーション能力で、たくさんの仲間をつくり社会を変革するかもしれません。またあるひとは数学の世界にのめりこみ、食べることも忘れて数式の美しさに没頭するかもしれません。

さらにその成果は、教育を受けたその瞬間に表れる場合もありますし、数十年後に表れることもある。それこそ、ひとの数だけ、勉強の意味があるといえます。

つまり、その子供が勉強して何を得るのかを、予言することはできません。要するに、勉強の価値は、やってみなければわからない。教育とは本来、「こうすればこうなる！」と効果をうたえない類の営みなのです。

たとえば中高6年一貫教育といっても、その教育の目的はあくまでも生徒の人生を豊かにすることであり、6年の間に即時的に効果を発揮することではありません。希望する進路を実現させたりテストの点数を上げたりすることは教育の必要条件ではありますがが、十分条件ではありません。「いい学校」に通って希望の大学には入れたけれど、なぜだか人生はうまくいかないというのでは意味がありません。少なくとも私がよく取材するような学校の先生たちは、そう考えています。

しかし実際は「こうしたらこうなる！」と効果をうたう教育系コンテンツや、「これからのグローバル社会を生き抜くために」という脅しの文脈で不安をあおりお金に換える怪しい教育類似商法が氾濫《はんらん》しています。教育にわかりやすい成果を求める風潮を利用したビジネスです。ビジネスの原理が教育を汚染しているといってもいいでしょう。

ビジネスとは、お互いにとって価値あるものを即時的に等価交換するしくみです。教育に無理やりビジネスの原理をあてはめるとどうなるか。教育にも、予言できる成果が求められるようになります。大学進学実績や偏差値のような〝わかりやすい〟数字ばかりが注目されるようになります。

教育の価値が数値化されると、子供の価値も同じ数値で測られるようになります。「あの子は○○学校の子、あの子は△△学校の子。○○学校の子のほうが格が上」とか「あの子は偏差値60、この子は偏差値40。偏差値60の子のほうが出来がいい」とか。

果ては、それがそのまま親の能力までを物語るようにもなります。「あの子の親は、息子を○○学校に入れたからすごい。この子の親は、娘を△△学校にしか入れられなかったからたいしたことない」など。

このような風潮のなかにいれば、「できる親」の証しとして、子供を有名中学に合格させたいと思う欲求が強まるのも無理はありません。もはや子供のためでなく、自分の見栄のために、子供に勉強を強いるのです。

こういった状況が教育虐待に拍車をかけているとも考えられます。

入試本番前日に入試問題を入手したいか？

第一志望校の入試本番前日に、入試問題をこっそり見せてもらえると言われたら、あなたはそれを見るでしょうか。子供に見せるでしょうか。ちょっと真剣に考えてみてください。

答えがYESなら、あなたはすでに「中学受験のダークサイド」に堕《お》ちてしまっている可能性が高い。

誘惑はわかります。でもそれは単なるズルです。子供にズルを教えるために中学受験をしているのでしょうか。そんなはずはありません。目的のためには手段を選ばない姿勢を身に付けさせたいのでしょうか。そんなはずもありません。

本来の学力では入れなかった学校に仮にズルをして合格しても、入学後に苦しむのは子供です。またもし、合格するに十分な高い学力をすでにもっているのにズルをしたのなら、「合格」が自分の実力なのかズルのせいなのかわからなくしてしまう意味で罪が重い。子供はずっと後ろめたさを感じながらその学校に通わなければなりません。そんなの、不幸以外の何物でもありません。

ＳＮＳに「〇〇塾の月例テストの予想問題をこっそり教えます」というような内容の広告が表示されることがあります。予想問題が当たってそのときの月例テストでいい点数がとれたからといって何の意味があるのでしょうか。そのような広告は中学受験のダークサイドへの誘いにほかなりません。一切無視することをおすすめします。

似たような意味で、中学受験塾が「入試問題を的中！」と派手にアピールするのもいかがなものかと思います。過去問を徹底的に研究して学校の入試出題者の意図が手に取るようにわかるようになり結果的に問題を的中させることとは、塾講師としてのお手柄なのでしょうが、中学受験塾の役割は志望校に合格するために必要な学力を身に付けさせることであり、入試問題を的中させて本来合格する学力のない子供までその学校に押し込むことではないはずです。入試問題を的中させて合格者が増えたのなら、本来は、合格実績からむしろその分を差し引いて見なければなりません。

中学受験勉強の目的は、どんな手段を使ってでも第一志望に合格することではなく、定めた目標に対して努力を続ける経験を積むプロセス自体のなかにあります。さらに、どんな結果であれそれを最終的には前向きに受け入れ、人生の新たな一歩を踏み出す姿勢を学ぶことにあります。

つまり、自分の努力で自分の人生を切り拓き、仮に結果が100%の思い通りでなくても、腐ることなく歩み続けることのできるひとになるための経験なのです。12歳にして「生き方」を学ぶ機会なのです。

ダークサイドから子供を守れ！

ダークサイドに堕ちてしまうのは親だけではありません。子供が自らダークサイドに堕ちてしまうリスクにも用心しましょう。

塾のテストでどうしてもいい点数がとりたくて、ついカンニングをしてしまったというのは、ダークサイドに片足をツッコんでいるサインです。その背景には当然、いい点数をとらなければいけないという過度なプレッシャーがあるわけです。

不正は不正として指摘しなければいけませんが、不正を責めるだけでなく、なぜ「不正をしてまでいい点数をとらなければいけないと思ってしまったのか」に目を向けなければなりません。多くの場合、原因は親です。

また、自分より偏差値の低い友達のことを見下したり、塾のクラスのレベルで友達の価値を判断したり、偏差値の低い学校に通っている生徒のことをバカにしたりという症状を発することもあるかもしれません。子供の未熟さゆえに、そういう過ちを犯すことはある意味しょうがないといえます。それでも、いつかそれが過ちであることに気付ければいいのですが、いつまでも気付けない場合が危険です。

そのままの価値観で人生を送るようになると、いわゆる「自己責任論者」のできあがり。「自分は努力していい点数をとって勝ち組になった。負け組のひとたちは努力が足りなかったのだから自業自得。社会として助けの手を差し伸べる必要などない」と言ってはばからないひとに育ってしまいます。これでは社会のリーダーにはなれません。

さらにそのようなひとたちには実は、他人と比較することでしか自分自身の価値を認めることができないという弱点があります。他人と比べて年収が多いとか、地位が高いとか、そういうことでしか、自分の人生を肯定できなくなってしまうのです。いつまでも自分の人生を自分のペースで歩むことができません。

そんなことでは、中学受験に〝成功〟しても、人生は〝大失敗〟です。棺桶に片足を突っ込んでから気付いても遅いのです。

中学受験という経験が、純粋無垢《じゅんすいむく》な子供を、視野の狭いせこい点取り虫にしてしまう可能性もあるわけです。これが世間一般に侮蔑《ぶべつ》のニュアンスをもっていわれる〝受験エリート〟生産のしくみです。

思春期前のこの時期には、子供は自分の価値観よりも親の価値観を通して世の中を見ています。親が、浅ましい人生観で中学受験にのぞんだら、子供も視野の狭いせこい点取り虫になってしまいます。逆に、親が中学受験の本当の価値を理解していれば、子供に「生き方」を教えることができます。それならば、子供が中学受験のダークサイドに引きずり込まれてしまうこともないはずです。

中学受験生活をしていると、不安になることも焦ることも当然あるでしょう。入試前日に入試問題を教えてもらえるのなら何百万円支払ったっていいという気持ちについなってしまうこともあるかもしれません。でもそんなときこそ、本書を読み返してほしいと思います。

家庭をほっとできる場所にしよう

家庭が安心できる空間でなければ、子供は力を発揮することができません。親は、勉強を教えることや、子供を管理することよりも、子供を安心させリラックスさせることを第一に考えてください。

でも実際は、朝から学校に通い、ほとんど休む暇もなく塾で猛勉強をしてきた子供に、家に帰ってきてからもこんな言葉をかけてしまっていないでしょうか。

●子供のやる気を潰すＮＧワード①
「早く勉強しなさい」

たぶん、ぎりぎりまで言うのを我慢したうえでのことでしょう。でもこれを言われた瞬間に「いまやろうと思っていたのに（やる気なくした）」と子供は感じるものです。大人だって、「やらなきゃいけない（けどなかなかエンジンがかからない）」というときに「早くして！」と急かされたら、なおさらやる気をなくすということがあるでしょう。

せめて「いつから始めるつもりなの？」などと、本人の意思を尊重する言い方にしたほうがベターです。それでも子供は急かされていると感じるかもしれませんが。

毎日「そろそろ勉強しようかな」「いや、まだいいかな」という心の葛藤を感じることは子供自身にとってもストレスです。本当は、「5時になったらとりあえず机の前に座る」というように、まずは「行動」を習慣化してしまうことが大事です。「行動」を変えれば「気持ち」はあとから付いてきます。

●子供のやる気を潰すNGワード②
「もっと集中しなさい」

集中力をコントロールすることは、トップアスリートでも難しいことです。5分おきに机を立ったり、ぼーっとノートを眺めているだけだったりと、端《はた》から見ていて明らかに集中できていないように見えることはあるでしょう。でもそこで「集中しなさい」と言われても、集中したふりをするのが関の山。

中学受験勉強は毎日長時間におよびます。その間ずっと集中しているなんて不可能です。調子が出ない日もあるでしょう。本当なら、そんな日は早めに切り上げて気分転換するのがいちばんなのですが、毎日の課題をこなさなければいけない現実は変わりませんから、そう悠長《ゆうちょう》なことは言っていられません。

こういうときは、課題を小さく区切って、「ここまでやったらおやつにしよう」などと、小さな目標を定めるのがひとつの方法です。

そもそも膨大な課題を終えるまで際限なく勉強し続けるスタイルは考えものです。たとえば「夜10時30分を超えてしまったら課題が終わっていなくても寝る」などとおしりを決めてしまったほうがいいと私は思います。課題が終わらなくて困るのは自分ですから、決められた時間のなかでなんとか課題を終わらそうという気持ちが芽生えます。

時間が有限であることを身にしみて学ぶことも、中学受験のひとつの効能です。

●子供のやる気を潰すNGワード③
「こんな点数じゃ○○中学は無理」

テストの結果が志望校にはほど遠い場合、つい言いたくなってしまう気持ちはわかります。でも、これは本人がいちばんよくわかっていることです。本人だって傷ついているはずです。そこにさらに塩を塗るようなことは避けなければなりません。

思わずこのセリフが口を突いて出てきてしまうときというのは、おそらく、テストを受ける前にダラけていたり、サボっていたりという伏線があってのことでしょう。テストの結果というよりも、テストの前の態度を戒めたいがために言っている場合も多いことでしょう。

しかし、親の「無理」という言葉は、子供にとっては強力な呪文です。「僕はもう無理なんだ」と自己暗示をかけてしまいかねません。

こんなときは、一度怒りや焦りを鎮めてから、「この結果についてどう思う?」「どうしてこういう結果になったと思う?」と、本人の意識をたしかめるような会話を心がけましょう。本人が気付かないとどうしようもないことですから。

本人が自ら考えて気付き改めようとする前に親が「こうしなさい」「ああしなさい」と指図することは、本人から気付きのチャンスを奪うことです。それではいつまでたっても毎回親が指図しないとやらない子に育てているようなものです。

●子供のやる気を潰すNGワード④
「そんな気持ちでやるくらいなら、中学受験なんてやめてしまいなさい」

子を思うあまり、親はときに、心にもないことを言ってしまうものです。これなんて、その典型です。もしここで、「わかった。やめる」と子供が言ったら、きっとほとんどの親は、動揺を隠しながら、なんとか「やっぱりやる」と言わせる方向に誘導しようとするでしょう。言ってから後悔するような言葉を言うべきではありません。ではどうしたらこういう非建設的なことを言わなくてすむでしょうか。

このような言葉が口を突くときというのは、おそらく、ふがいない子供の状況を見ているストレスに、親自身がたまりかねてしまっているときです。つまり、対処としては、子供を変えるよりも、自分を変えるほうが早い。

子供の中学受験のことばかりを考えるのではなく、たまには気分転換の時間をもつのもいいでしょう。テストの点数には表れていないかもしれませんが、子供が子供なりにがんばっていたシーンを意識的に思い出してみてもいいでしょう。

ピンチのときの悪循環回避術

最初はなんとなく言われた勉強をこなすだけだった仮の中学受験生が、自分の目標のために自らを律して勉強する本物の中学受験生に進化するのは、子供によってタイミングが違います。当然そのタイミングが早いほうが好ましいわけですが、かといって、親が外からプレッシャーをかけたところで、本人の内心が前向きにならない限り、何も変わらないどころか、むしろ本人の意志で変わるチャンスを摘み取ってしまうかもしれません。

くり返します。馬を水場に連れて行くことはできても、水を飲ませることはできないのです。

また、次のような状況では、ついネガティブなことを言いたくなりますが、それでは悪循環を招く可能性が高い。考え方や言葉選びをちょっと工夫するだけで、子供の受け取り方も大きく変わります。

●悪循環を回避する発想の転換①
簡単そうに見える問題がなかなか解けないとき

大人にとっては考えなくてもできるような簡単な問題ほど、子供に説明するのは難しい。それでつい、「なんでこんな問題ができないの?」と言ってしまうことがあります。

大人なら誰でもできるような簡単な問題であれば、心配しなくても必ずそのうちできるようになります。ただし、その瞬間に理解させようとして説明しても、なかなか難しい。「やっているうちにわかるようになるから、焦らずにくり返しやってごらん」などと伝えるのがおすすめです。

そして実際に、いつの間にかその問題を難なく解けるようになっていたら、「この問題、ちょっと前まではすごく苦労していたのに、いまは楽に解けるようになったんだね。焦らずにコツコツやれば、どんな問題でもできるようになるんだね」と教えてあげましょう。このフォローが、子供にとっての励ましになります。

●悪循環を回避する発想の転換②
ケアレスミスを連発しているとき

テストの解答に限らず、ケアレスミスは誰でもするものです。特に心に余裕がないときほどミスをしてしまうものです。

それなのに、「ケアレスミスをなくしなさいと言っているじゃない！」と子供を責めても何も改善しません。むしろ子供の心はさらに萎縮し、ケアレスミスが増えてしまうでしょう。

そもそもケアレスミスをしないようにするには、問題文を落ち着いてよく読むとか、計算処理を丁寧に行うとか、焦らないことが大事です。

一方、ケアレスミスを減らすために「よく見直しなさい」とも言われますよね。でも見直すためには、それだけの時間的余裕が必要です。つまり速く解かなければいけない。ケアレスミスを減らすために、子供たちは相反するメッセージを受け取って、さらにパニックになってしまうわけです。

ケアレスミスは誰でも一定の割合でするものです。だとしたら、ケアレスミスをしないようにとビクビクすることに心のエネルギーを使うよりも、ケアレスミスをしてしまうことを織り込み済みで、それ以上に難しい問題で得点する実力を鍛えることを考えたほうが、心理状態としては前向きになれます。

確率的に、ケアレスミスで毎回得点を5％落とすことがわかっているのなら、106％の点がとれるようにすればいいだけです。それくらいの気持ちでテストにのぞめばむしろ、落ち着いて問題文を読んで、丁寧に計算をして、さらに見直す時間までできるかもしれません。

●悪循環を回避する発想の転換③

答えを写していたとき、カンニングしていたとき

カンニングは卑怯な行為です。卑怯なことはしてはいけないと教えるのも親の大事な役目ですから、カンニングという行為自体については叱らなければいけません。

しかし、そもそもカンニングが卑怯な行為であることくらい、小学生だってわかっています。親としてふがいない気持ちになるのはとてもよくわかりますが、いつまでもグチグチ責めても仕方がない。「カンニングが良くないことだとわかっているよね」と、厳しく短く1回叱れば十分です。

それよりも大事なことは、なぜ卑怯な行為をしてしまったのか、子供の気持ちを考えてみることです。たいがいは、「次こそはいい点数をとらなければ」と追いつめられているのです。なぜか。

「いい点数をとらないと叱られる」と怯えていたのかもしれません。あるいは「親を悲しませたくない」という気持ちかもしれません。もしくは「この前いい点数をとったときに、お母さんもお父さんもすごく喜んでくれたから、また喜んでもらいたくって……」という優しさかもしれません。

そういう純粋な気持ちが強い一方で、一歩立ち止まって「これってやっちゃいけないことだよね」と考える判断力が未熟で、カンニングにおよんでしまったのだと考えられます。

だとすれば、再発防止のために親がとるべき行動は、カンニングを責めてさらに精神的に追いつめることでなく、「君が努力した成果なら、どんな点数でも、お母さんもお父さんも誇りに思うよ」と伝えることです。

宿題の答えを丸写しするようなズルについても、ズルをしなければ乗り越えられないなんらかの状況が、子供のなかに必ずあったはずなのです。宿題が多すぎてとても終わらないと感じているとか、難しすぎて解けないと思っているのか、あるいはどうしてもやる気になれなくてとりあえずごまかしたかったのか。

大切なのは、ズルを叱ることではなく、なぜズルをしてしまったのかを話し合うことです。そして「これからは、ズルをするくらいなら、その気持ちを正直にお母さんやお父さんに話してちょうだい。どうすればいいか、いっしょに考えるから」と伝えることです。

●悪循環を回避する発想の転換④
テストの結果が悪かったとき

テストの結果が悪かった理由は大きく分ければ2つだけ。努力が足りなかったのか、力が出し切れなかったのか。ほとんどの場合、その両方です。点数だけではなくテストの答案の中身を吟味して、原因を分析して、子供と共有し、次の目標設定に役立てるのが親の役割です。

本人の反応はどうでしょう。落ち込んでいる。けろっとしている。あるいは怯えている……。

落ち込んでいるというのは頼もしい反応ですね。現実を受け止めているということですから。原因を分析して、どうしたら今度こそいい点数がとれそうかをいっしょに考えてあげることが、子供への励ましになります。

けろっとしているというのも頼もしい反応です。窮地にあっても冷静でいられるというのは、勝負どころで強さを発揮する秘訣です。ただし、危機感が足りないのでは次も同じ結果になりますから、「今回の結果をどう感じた？　それを次回にどう活かすつもり？」と聞いてあげて、言語化を助けるといいでしょう。しっかり言語化できれば、意識も変わります。

怯えているというのは、最悪です。点が低かった原因よりも、親や先生から叱られることに意識が向いてしまっていると考えられます。自分のためではなく、親や先生のために勉強している状態です。子供の小さな両肩に、想像以上のプレッシャーがかかってしまっているかもしれません。親自身が「第二志望でも納得できないという病」に罹《かか》っていないか、「中学受験のダークサイド」に堕ちていないか、胸に手を当てて考えてみましょう。

そうはいっても、良くない点数を見れば暗い表情になってしまうのが親の性。子供はそれをとても気にします。思わずショックが顔に出てしまったときにはこう説明してあげましょう。「ごめんね。あなたを責めているんじゃない。あなたが一生懸命がんばっているのに、力を出し切れなかったのかなと思うと悔しいの。どうやったら努力の成果が点数に表れるのか、いっしょに考えよう」。

そうすれば、子供も結果を受け入れて、もっとがんばろうと前向きな気持ちになれるはずです。

●悪循環を回避する発想の転換⑤

入試本番直前の緊張感

「緊張感が足りないいんじゃない？」と見えても、実は子供は、内心すごく緊張していたりするものです。緊張しないのは基本的には良いことですから、あえて危機感をあおって緊張させる必要などありません。

緊張感が張り詰めている場合には、ほかの受験生もみんな同じように緊張していることを教えてあげましょう。「本当に緊張しすぎていたら、自分が緊張しているかどうかも自覚できないもの。自分が緊張しているのを自覚できているだけ冷静だってことだから、安心しなさい」などとアドバイスするのもいいですね。

親が緊張していると、その緊張が子供に伝染してしまうことがあります。まずは親こそ平常心でいられるように努めましょう。それが難しいときにはこんなふうにイメージしてみてください。

「○月○日、すべての中学入試が終わったときには、個別の結果がどうであれ、私たち家族は絶対に笑っている」

子供にも同様に伝えておくといいでしょう。

「これから入試本番が始まって、毎日大変かもしれないけれど、これだけは確実に言えるから、安心しなさい。○月○日、すべての入試が終わったとき、個別の結果はどうであれ、あなたもお母さんもお父さんも、絶対に笑って中学受験の打ち上げの乾杯をしているから」

洗脳するくらいに（笑）、何度伝えてもいいと思います。これが「中学受験必笑法」の最後の仕上げです。

長い中学受験生活のなかでは、ほかにもいろいろな状況で、ハラハラ、ドキドキ、オロオロを経験することでしょう。そんなときこそ一度冷静になって、自分が10～12歳の子供になったつもりで、どんな言葉をかけられたらやる気が出るか、どんな言葉を言われると悲しいか、よく考えてからことばを発するようにしてください。

そのひと手間が、中学受験期間中の家庭の雰囲気を大きく左右します。

「親は無力」という悟りの境地へ

ちょっと気が早いかもしれませんが、第一志望入試本番当日を想像してみてください。

忘れ物がないかと何度も確認して、家を出ます。電車にはほかにも、中学入試に向かうとおぼしき親子の姿が見られます。

学校に到着すると塾の先生たちが校門の両脇に並び、自塾の生徒たちを励まします。ちょっとうるさいくらいです。

「保護者の付き添いはここまで」というところで、わが子を見送ります。もうかけるべき言葉すらありません。ただ目を見て、無言でうなずきます。「大丈夫。自分を信じて」。そう念じながら。その思いが伝わったかのように子供も無言でうなずき返します。

その瞬間を最後に、わが子は自分に背中を向け、もう振り返りません。自分の目標に向かって前だけを見て歩み始めます。その背中が、初めて塾に通い始めたときとは比べものにならないくらいに大きく見えるでしょう。

そうやって不安な気持ちでいっぱいになりながら子供の背中を見守るしかないというのが子育ての本質であり、そのこと自体がこのうえなく幸せなことなのではないでしょうか。そのことを強く実感できるのも、中学受験という機会がもたらす宝物だろうと私は思っています。

志望校合格という目標に向かって親子で全力を尽くして、泣いたり笑ったりする約３年間の末に、親はようやく悟るのです。

「結局のところ、親は無力である」と。

思い返せば、塾に通い始める前はろくに勉強もしなかった子が、最後にはまがりなりにも自分から勉強するようになりました。難問にはすぐに音を上げていた子が、どんな難問にも果敢に挑戦するようにもなりました。そんな成長を間近に見て、親は、「この子は、最後はがんばる子。自分で自分の人生を切り拓く力のある子」と確信します。

子供だって、親が自分のために少なくない犠牲を払ってくれていることを知っています。ときどき衝突することはあっても、自分のことを大切に思ってくれていることは間違いないと確信しています。言葉には出さなくても感謝の気持ちが芽生えます。そして、できれば、親を喜ばせたいと思っています。

この時点でもうすでに、中学受験は成功しているのです。

その土台があるからこそ、中学受験を終えて、本格的な思春期が始まったときにも、表面的には親子の衝突をくり返しながらも、お互いの心の底では相手を信頼する気持ちが揺るぎません。子供は安心して反抗することができるし、親は子供を信じて見守ることができます。それがまた、親子の成長につながります。

中学受験のプロセス自体がすべて、親子にとってのかけがえのない財産になるのです。

駆け抜けた、決して楽ではなかった約3年間の月日が、親子にとっての誇りになります。結果がどうであれ、その誇りが奪われることはありません。

中学受験生への神様からの贈り物

さらに気が早いかもしれませんが、すべての合否が判明したあとのことを、想像してみてください。未来のみなさんに、次の言葉をおくります。

＊＊＊＊

まず、第一志望以外の学校に進むことになったひとたちへ。

第一志望以外の学校に進むことになったひとたちは、きっとその学校で、そこでしか得られない経験をし、そこでしか見ることのできない景色を見ることになるはずです。一生の友達との出会いがあるかもしれないし、素晴らしい先生と巡り合うかもしれません。それが受験勉強をがんばってきたみなさんへの神様からの贈り物です。

でも注意深くしていないと、その贈り物に気付くことができません。だから、これから始まる中学・高校での生活を、大切に過ごしてください。そうすれば、きっと神様からの贈り物に気付き、自分がこの学校に通うことになった理由がわかるはずです。

次に、第一志望の学校に進むことになったひとたちへ。

第一志望に進学しても、理想とのギャップを感じることがあるかもしれません。しかしそれは、神様から与えられた課題なのです。その課題をクリアしたときに得られるものこそ、神様からみなさんへの贈り物です。

だから、困難があっても逃げずに、乗り越えてほしいと思います。

そして、中学受験をやりきったすべてのみなさんへ。

どんな結果であっても、それまでの自分のがんばりに誇りをもってください。

どんなに優秀な子がどんなに努力を重ねても願いが叶わないことがある中学受験という選択に、全力で立ち向かったチャレンジ精神は、結果がどうであれ、必ず一生の財産になります。

実はそんな機会は、長い人生のなかでもそうそうたくさん巡ってくるものではありません。これから先の人生に、どんな困難があろうとも、12歳の冬を思い出して、気高い人生を歩み続けてほしいと思います。

＊＊＊＊＊

「無敵」の力を身につける

人生の岐路において、その時点では誰の目から見ても〝最高〟とされる選択肢を選んだとしても、それを活かせなければ、その「選択」は悪かったことになります。逆に〝不利〟といわれる選択肢を選んだとしても、それを最大限活かせれば、結果的に最善の選択をしたことになります。要するに人生における「決断」の良し悪しは、決断したあとに決まるのです。

自分の「決断」を事後的に「正解」に近づけられる力こそ、〝正解のない時代〟に「自ら正解をつくり出す力」になるはずです。

第一志望校に合格すれば、望み通りの中高生活が得られるだけでなく、努力が報われるという成功体験になる一方で、たとえ第二志望以下の学校に進むことになったとしても、堂々とその道を歩み、そこで得られた環境を最大限に生かすことができれば、「自ら正解をつくり出す力」を身につける機会になるのです。

また、現実問題として、中学受験ができるひとは限られています。そもそも近くにそういう学校がなければ無理ですし、もちろん経済的な余裕も必要です。中学受験とは、ごく一部の恵まれたひとたちにしか与えられていない選択肢です。

経済格差が教育格差につながるという批判もあります。でも、恵まれたひとが高度な教育を受けることで得をするのは、教育を受けた本人だけではないはずです。そのひとを含む社会全体が、その恩恵を受けることになるのです。

中学受験は、〝勝ち組〟になるためにするというような功利的なものではありません。将来、世の中に必要とされる人間になるために、自分を伸ばしてくれそうな学校を志し、子供たちは勉強するのです。

だから、恵まれたひとが、与えられた環境を最大限に活用して、それを世の中に還元するならば、格差云々よりも、世の中全体が良くなるというメリットのほうが大きいと私は思います。むしろ、恵まれた環境を最大限に活かして、将来世の中の役に立つことは、恵まれたひとの使命だろうとすら思うのです。

中学受験にのぞむ子供たちに、「いまからそういう気概をもて」と言うのは少々酷かもしれません。しかし少なくとも親には、そういうつもりで子供を中学受験という世界に送り出してほしいと思います。

中学受験という経験を通して「自ら正解をつくり出す力」と「恵まれたひとの使命」が備わったのなら、敵がいなくなるという意味で「無敵」です。これからどんな世の中になっても、その子はきっとたくましく協調的に生きていくことができます。

中学受験生はヒーローだ

中学受験生たちは、どんなに努力をしても報われないかもしれない、やめようと思えばいつでもやめられることに挑戦しています。たった12歳で、自分の力で、自らの進む道を切り開こうとしているのです。

「本当に報われるのだろうか」

不安になることもあるでしょう。不安を感じたときこそ、さらに勉強に打ち込んでその不安を打ち消そうとするのです。彼らのなかには、すでにある種の人生哲学が萌芽しています。

成績がいい子も悪い子もいるでしょう。ケロッとしているように見えて、実は内心では大きなプレッシャーを感じつつ、次のテストではなんとか親を喜ばせたいと願っている心優しい子供もいるはずです。いずれにせよ、彼らはみんな、小さな体と心で、自分なりのベストを尽くしています。模試の結果を受け入れ、たとえそれが悪い結果であったとしてもめげずに努力を続けています。尊敬されるべき存在です。

ふがいなさよりも誇らしさを、絶望より希望を、努力するわが子の背中に感じましょう。どんな状況においても、わが子を尊敬する気持ちをもち続けましょう。それが何よりの、親から子への最強の励ましになります。

そして、わが子のために、思い付くありとあらゆることをしたうえで、さらに拙文を最後まで読む時間と労力を惜しまないみなさんも、十分に尊敬されるべき存在です。中学受験生の親である自分自身にも、誇りを感じてください。

中学受験を志すすべての親子に、心からのエールを送ります。

【必笑Q&A】

Q 成績が下がって落ち込む娘。どう励ましたらいいのかわかりません。

夫からの提案で、娘に中学受験をさせることにしました。学校のお友達も多数受験するようでしたし。小４から塾に通い始め、少し前まではそれを楽しんでいたのですが、小５になって思ったような成績がとれなくなってきました。落ち込んでしまい、宿題にもやる気が出ないようで、サボるようになりました。時折「塾に行きたくない」とぼやきながら、それでも塾には通っています。「もう塾はやめさせたほうがいい」と夫に相談すると、「誰でもスランプはある。しばらくすればまた元気になる」と言って取り合ってくれません。でもそんな状態が３ヵ月も続いています。

娘がかわいそうです。励ましてやりたいと思って「嫌ならやめたらいい」と言ったのですが、逆に「そんなに簡単に言わないで！」と言われてしまいました。どう対処したらいいのかわかりません。

A 娘さんは主体的に受験に向き合っているようです。「お母さんもお父さんもついているから」と励ましてあげれば大丈夫！

5年生になると格段に難しくなりますからね。4年生のうちは与えられた課題をコツコツ、ドリル的にこなすだけで点数がとれます。しかし5年生になると、公式や解法を覚えているだけでは応用ができなくて点が伸びなくなってしまうということが、まじめな子ほどよくあるようです。

やらなければいけないことはわかっている。でもやっても思ったほどの成果が出ない……。モチベーションが下がってしまうのはいたしかたありません。そんな状態でも、なんとか机に向かっているという娘さんのガッツは見上げたものです。「やめてもいいんだよ」というお母様の慰《なぐさ》めに「そんなに簡単に言わないで！」と言い返せる気概もたいしたものです。5年生にしてしっかり中学受験に向き合っている感じがします。

お父様のおっしゃるとおり、誰にでもスランプはあります。それを乗り越えて成長することも、中学受験という選択の価値のひとつです。そのうえで、いまの状態をどのように切り抜けたらいいか。

勉強の仕方を変える必要があるかもしれません。そのことについては塾の先生とよく相談されるのがいいと思います。

お母様の優しさから発せられる「やめてもいいんだよ」という言葉は、娘さんの主体性を覚醒したかもしれません。この機会にそういう段階を踏むことができたことはとてもいいことのように思います。６年生になっても主体的になれない受験生もたくさんいますから。

でも、「かわいそう」というのはちょっと違うかもしれませんね。つらい状況でも娘さんは一生懸命食らいつこうとしているのです。そういうひとに「かわいそう」は失礼です。

お父様の冷静な目と、お母様の優しさと、娘さんのガッツがあれば、大丈夫。お母様からの相談の文面を見るだけでも、娘さんはきっとこの状況を乗り越えると私は感じました。娘さんを信じて、励ましてあげてください。

もし娘さんが弱気になるようなことがあったら、「大丈夫。お母さんもお父さんもついてるから」と励ましてあげてください。それだけで子供は、がんばれるものです。

Q 男女双子の中学受験。女の子はがんばっていますが、男の子が全然勉強しません。

小6の男女の双子が中学受験勉強をしています。娘のほうは志望校を目指してコツコツ努力を重ねていますが、息子のほうはもともと勉強が得意なタイプではないこともあり、なかなか勉強しません。精神的にも、娘より息子のほうが幼く見えます。

もともとは同じ塾に通っていたのですが、小5で息子だけ転塾しました。それでも成績が振るわず、家庭教師も付けました。しかし成績下降は止まりません。前回の模試の前はそこそこがんばったのですが、結果は振るわず、「やっても無駄」という結論になってしまいました。

「最低限これだけはやろう」と声がけしてもやりません。しつこく言うと癇癪《かんしゃく》を起こします。塾の先生や家庭教師の先生とも相談して、私は勉強について口出しせず、先生たちにお任せすることにしました。

やる気はないが受験はしたい子供の勉強を見ることに疲れてしまいました。

せめて娘の勉強を見てあげたいのですが、そうしている間に息子は勉強をしていないのではないかと心配になり、娘の勉強を見てあげることもできません。
私自身が親として未熟なために、自分の不安を子供にぶつけてしまっていることはわかっています。最近はできるだけそうならないように注意もしてはいます。中学受験がすべてではないとは思っていますが、息子のためにどうすればいいのか、悩みます。

A おそらく息子さんはつらい。その気持ちに共感して味方でいてあげてください。

中学受験生が１人いるだけでも神経がすり減るもの。それがおふたり同時なんですから、大変に違いありません。お母様のご心労は想像するにあまりあるものがあります。
特に双子の中学受験というのは色々と難しい点が多いことでしょう。成績に差が付くと、親としては「同じように接しているのになぜ？」と考えてしまいがち。成績が悪いほうは余計に劣等感を感じてしまう場合もあるようです。比較してはいけないと思っても、ついつい比較してしまいますよね。

でも、自分の不安を子供にぶつけているという状況を自覚できること自体が立派ですし、それを修正することができていることも親として成長している証拠です。親も子供に鍛えられるんですよね。

さて、どうしても勉強に身が入らない息子さん。見ていて歯がゆいことでしょう。しかしたぶん本人がいちばんつらい。やらなければいけないことはわかっているけれど、机に向かうことができない心境なのでしょう。不安、恐れ、悲しみ……いろいろなネガティブな感情が息子さんの邪魔をしているのかもしれません。

おしりを叩いても癇癪を起こすばかりで逆効果とのこと。効果がないことはくり返さないほうがいいでしょう。ますます悪くなる可能性だってありますから。

大変残念ですが、いまの状況から急に息子さんがやる気を出して勉強し始めるようになるための魔法を、私は知りません。カウンセラー的な立場から理想を言えば、息子さんの気持ちに寄り添い、つらさに共感してあげることが、息子さんが自分の力で持ち直す可能性を少しでも高めることだといえます。

持ち直すためにそうするのではなく、たとえ持ち直さなかったとしても、ありのままの息子さんを認めることが肝心です。どんなときでも親が味方でいてくれる。

それが子供の勇気になります。

一方、娘さんに対しては娘さんにとってベストなサポートと思うことをしてあげてください。「それぞれ得意分野も勉強の仕方も違うのね」などと言って、双子の両方を認めてあげてください。

本当に子供の数だけ中学受験があるのですね。大切なのは中学受験という機会から何を学び取るかです。それはひとそれぞれ違います。

●●●

Q 最難関を目標にしていた娘が、突然受験をやめると言い出した。

現在小６の娘は、塾の先生から最難関校合格の太鼓判を押してもらえるほどの成績をとっています。ところが最近、「受験はやめて公立中学に行く」と言い出しました。理由はわかりません。

いまのところ通塾はしていますし、家での学習時間も変わっていませんが、先日のテストの結果はいままでにない惨憺《さんたん》たるものでした。「どうしたの？」と聞くと「だから、もう受験したくない」とだけ言います。

小さいころから手のかからない子で、勉強もそれほど見てやったことはありませんでした。

話し合うべきだとは思いますが、いつも逃げられてしまいます。

A 受験してほしいという思いは脇に置き、真剣に純粋に、否定も肯定もせず、娘さんの気持ちを聞いてみてください。

いま、中学受験の大事な時期だからこそ、「中学受験をしない！」という意思表示をしているのであって、たとえばピアノをやっているのだとしたら「もうピアノはやらない！」と言っていたかもしれません。

娘さんはいつも「いい子」でいなければいけないと、本人も気付かないうちに無理をしていたのかもしれませんね。でもいま娘さんは、思春期にさしかかっていることもあって、「いい子」の殻を破ろうとしているのかもしれません。お母様からしてみれば、戸惑うことかもしれませんが、それ自体は健全な成長の証しです。

いずれにしても、そのような言動をとることによって、何らかのメッセージを発していると考えられます。

娘さんの気持ちをしっかり受け止めてあげることです。「中学受験はしてほしい」という思いが、お母様にはおありのようですが、一度その気持ちを脇に置いて、ありのままの娘さんだけを見てあげてください。

「受験はしたくなくなっちゃったんだ。そうなんだ」という感じで、そのことを否定も肯定もせず、娘さんの思いをそのまま受容してあげてください。そして、純粋に娘さんに共感してあげたいという思いをもって、「あなたの気持ちを絶対に否定したり、お母さんの思い通りにさせようだなんて思わないから、なぜ受験をやめたいと思うようになったのか、教えてくれないかしら？」などと聞いてみてください。

少しずつでも娘さんが自分の気持ちを語り出してくれたら、それを否定も肯定もせず、「○○だったんだね」「○○という気持ちなのね」などとそのままオウム返しをするように聞いてあげてください。アドバイスや評価は不要です。「それはつらかったね」とか「よくがんばったね」などと、ただ共感してください。最後は「話してくれてありがとう。うれしいわ」と言っておしまいにしましょう。

いま娘さんがどんな気持ちなのかは私にはわかりません。「なんだ、そんなことだったのか」というちょっとしたことかもしれませんし、お母様が話を聞いたところで解決をしてあげられない問題を抱えているのかもしれません。いずれにしても、誰にも話せなかった心の中の異物を吐き出すことができれば、きっと娘さんの視野は広がり、自分の意志で正しい選択をしてくれると思います。

●●●

Q 息子が希望した受験でしたが不合格。これを糧にするにはどうしたらいい？

長かった中学受験生活が昨日終わりました。憧れ続けた学校に3回チャレンジしました。

もともと、中学受験には反対だった私ですが、息子の強い意志で受験生活を始め、息子とともにがんばろうと決意しました。でも、田舎育ちの私には、夏休みやお正月もなしで勉強するのはどうしてもいいことだとは思えず、迷ったままの中学受験生活でした。

塾の怖い先生のプレッシャーで腹痛を訴えるようになった息子に、「受験はやめよう」と何度も言ってしまいました。夏休みもお正月も特訓には行かせず、無理をさせたくないばかりに、家庭教師の先生だけで挑んでしまったのです。ほかの子に比べたらゆるい受験生だったのだと思います。

結果、３回とも不合格。大泣きして「僕はあの学校に行きたかった」と言った息子を見て初めて、私が甘かったんだと思い知りました。

息子は気持ちを切り替えて学校に行きましたが、親の私はまだ切り替えることができません。自分の力不足だと思いながらも、「勉強しろ」と言うだけで何も協力してくれなかった夫や、「ぜんぶ落ちたなんて恥ずかしくて誰にも言えないわ」と息子に言い放った義母への悔しさがあり、涙が止まりません。

でもこれを息子の最良の糧にするためには高校受験で息子の望む学校に行かせてあげられるよう、私がサポートしなければと思い直しました。高校受験でいまから母親ができること、子供に何をさせればいいのかなど、教えていただきたいです。

A 不合格は結果の一部でしかありません。受験体験で何を得たか、ゆっくり考えてみて。高校受験について考えるのは、それからでも遅くない。

中学受験、お疲れ様でした。お母様が中学受験に反対だったのに、自分の意志で「やりたい！」と言って、最後までやりきった息子さんは立派ですね。

お母様は、優しいだけでなく、周りに振り回されない強さもおもちなのだと思います。子供の限界を超えてまで勉強をさせてしまう親も多いというのに、息子さんのそのときそのときの気持ちを第一に考えて、無理をさせずに中学受験にのぞんだのですものね。それもひとつの中学受験のあり方じゃないかと、私は思います。

子育てには「優しさ」「厳しさ」も「厳しさ」も両方必要ですね。どこで「優しさ」を優先すべきで、どこで「厳しさ」を持ち出すべきなのか、毎回とても難しい判断です。親にとっての中学受験は、そのバランス感覚を試される機会でもあります。そして往々にして、親の未熟さがあぶり出される……。

第一志望に合格できるのはごく一握り。大多数の親子が、ほろ苦さを胸に中学受験を終えます。みなさん、「あのときもっとああしていれば……」と思う部分があるはずです。でもそれこそ、中学受験という機会を通して、親子が与えられた今後の課題ではないかと思います。それを得られたこと自体、かけがえのないことなのです。

その反省点を、「私が甘かったんだ」と素直に認められるところもお母様の強さだと思います。

実際のところ、今回の結果は、さまざまな要因が絡みあったものであって、お母様の甘さだけが原因ではないだろうと私は思います。息子さんは腹痛を訴えたりしていたわけですから、それ以上にやり過ぎれば危険だったかもしれません。

お母様が、自分の満足のために子供を追い込んで勉強させていたら、それこそ親子にとって何かもっと大切なものを失っていたかもしれません。「甘かった」とはおっしゃいますが、お母様が息子さんのことをいちばんに考えたからこその決断であれば、それが最善の策だったのではないでしょうか。

外野がごちゃごちゃ言っていても気にしないでください。まわりに振り回されず、息子さんのことを第一に考えることのできるお母様の長所を、いまこそ活かしてください。息子さんのことをいちばんに考えて、息子さんを守る盾になってあげてください。

ただし、批判を打ち返す鉄の壁になるのではなく、批判を受け止める緩衝材になってあげるくらいの気持ちがちょうどいいのではないかと思います。そうすれば、ごちゃごちゃ言うひとたちもみんな、最終的には味方でいてくれるはずです。

不合格という結果は、親子の中学受験体験の結果のごく一部でしかありません。

中学受験という選択を通して、ほかに、親子がどんな結果を得たのか、しばらくゆっくり考えてみてもいいのではないでしょうか。中学受験という選択をしていなければ得られなかった、たくさんの宝物を得ているはずです。反省点ですら糧になります。高校受験のことを考えるのは、それからでも遅くないと思います。

息子さんに、素晴らしい中学校生活が待っていることを、心よりお祈りいたします。そこでしか得られなかったであろう出会いや経験が必ず待っているはずです。きっとそれが神様からの贈り物です。それを見逃さないように、中学生活の毎日を、親子で大切に過ごしてください。

おわりに

初めてつるかめ算を習ったときの衝撃は、いまでも鮮明に覚えています。鶴と亀の足の本数を、面積という概念に置き換えるという発想に触れ、頭の中がひっくり返るような感覚を覚えました。

算数のイトウ先生は、「中学受験の算数はすごいんだぞ。これができれば世の中の数字にまつわる大抵の問題は解けてしまうんだ」と教えてくれました。実際、現在企業の採用試験で使われるSPIというテストに出される数学的思考力の問題は、中学受験算数の一行問題とそっくりです。

社会科の授業で、少子高齢化について学び、「君たちは将来大変だぞ。1人でたくさんの老人の生活を支えなければいけなくなる」と言われた日には、帰宅してから母に

「僕の人生は真っ暗だ！」と話して笑ったのをいまでも覚えています。

社会のクロズミ先生は、まだ小学生の私たちに「小選挙区制は危険だぞ。強いものがどんどん強くなる構造になってしまうかもしれない」と、鋭い眼光で教えてくれました。その意味をいまになって痛感しています。

国語のサトウ先生は、背が高くて顔の濃い、俳優さんみたいな先生でした。授業中、私の記述問題の解答を見て、驚いたような顔をして「君は立派な文章が書けるね」と言ってくれました。「三つ子の魂百まで」ではありませんが、それがいまの職業につながっているかもしれません。

小6になって、実はサトウ先生からは志望校のレベルを下げたほうがいいと言われました。それでも、「この学校の過去問は面白い」と思えたし、いわゆる「そっくりテスト」を受けるととてもいい点がとれたので、偏差値に関係なく、第一志望を貫きました。

理科の授業。ゴン先生が、黒板いっぱいに水溶液を分類する表を書いてくれたときには、その整理の仕方の美しさにうっとりしたのを覚えています。その日、私はちょっとだけ授業に遅刻して、慌ててその美しい板書をノートに書き写したのでした。

一方で、植物や星の名前を覚えることにはまったくモチベーションを感じませんでした。「名前に意味なんてないじゃん（本当は名前にも意味があるのでそこに興味をもてばよかったのでしょうが）。こんなものを覚えなければ受からない学校なら受からなくていい」と割り切り、ほとんど覚えませんでした（笑）。光合成のしくみや月の満ち欠けを理屈で理解するのはとても楽しかったのですが。

そして、入試直前に「必笑」の言葉で私たちを送り出してくれたのが、ゴン先生でした。小学生ながらに「いい言葉だな」と思い、人生の節目にときどき思い出します。

その「必笑」が、この本のタイトルになりました。

しかし昨今の中学受験事情を取材していると、「笑えない」状況がたくさんあることに気付かされます。もう何十年も日本の受験・進学システムが硬直化しているため、それに対する対策もすでに極限まで洗練されており、もはや過当競争の様相を呈《てい》しているからです。

中学受験という機会を通した子供の成長そのものではなく、大量の課題をこなすこと自体が目的化してしまうと、子供が壊れてしまったり、親子関係がおかしくなってしまったりという悲劇が起こります。せっかく少なからぬ時間とエネルギーを割いて家族で中学受験に取り組むのに、それでは悲しい。

これは本当になんとかしなければいけない状況です。だから大学入試改革などの議論がされているわけですが、社会が変わるのを待っているうちに子供はどんどん大きくなってしまいます。親としては、現実は現実としてわきまえたうえで、その現実との距離の取り方をおのおの決めなければいけません。

中学受験という経験を、いい学校に行くために仕方なくやる苦行ととらえるのではなく、純粋に家族にとってのいい経験にできないものか、いや必ずできるはずという思いで、本書を書きました。

精神論に偏って見える部分や理想論を語っているだけに思える部分もあったかもしれませんが、決して私だけの考えではなく、多くの塾関係者、中高の先生たち、そして中学受験を終えた親御さんたちが本音で語ってくれた現実的な意見をもとにした中学受験観ですから安心してください。

まだ中学受験をよく知らないひとにはピンとこないことも多かったかもしれません。でも、真剣に中学受験に取り組んでいけばそのうち「あの本に書かれていたのはこういう意味だったんだ！」と実感を伴って理解できる日が必ず来るはずです。

みなさんの中学受験が笑顔で締めくくられることをお祈りして、筆を擱《お》きます。

必笑！

2018年11月

おおたとしまさ

本書は、２０１７年9月から２０１８年5月まで「ヨミウリ・オンライン」の「中学受験サポート」に掲載された『中学受験必〝笑〟法』を大幅に加筆・修正し、再構成したものです。また各章の「必笑Q&A」は、２０１４年4月から２０１８年2月にかけて「インターエデュ・ドットコム」に掲載された『おおたとしまさの心すっきり相談室』で実際にあった相談をもとに、中学受験の典型的な悩みをQ&Aの形式にまとめました。

ラクレとは…la clef=フランス語で「鍵」の意味です。
情報が氾濫するいま、時代を読み解き指針を示す
「知識の鍵」を提供します。

中公新書ラクレ
638

中《ちゅう》学《がく》受《じゅ》験《けん》「必《ひっ》笑《しょう》法《ほう》」

2018年12月10日初版
2020年11月30日 4 版

著者……おおたとしまさ

発行者……松田陽三
発行所……中央公論新社
〒100-8152 東京都千代田区大手町 1-7-1
電話……販売 03-5299-1730　編集 03-5299-1870
URL http://www.chuko.co.jp/

本文印刷……三晃印刷
カバー印刷……大熊整美堂
製本……小泉製本

Published by CHUOKORON-SHINSHA, INC.
Printed in Japan ISBN978-4-12-150638-2 C1237

中公新書ラクレ　好評既刊

L547
男子御三家
――なぜ一流が育つのか

おおたとしまさ 著

天才？ 秀才？ 奇才？ 名門校の中でも伝統と実績で群を抜く開成、麻布、武蔵。この「男子御三家」に集う精鋭たちの実態とは？ 三校は個性は違うがどことなく似ている。超進学校ゆえに「詰め込み式の受験予備校」と誤解されがちだが、実は揺るぎない建学精神と「真のゆとり教育」があるからこそ、一流が育つのだ。全国の学校を駆けめぐる教育ジャーナリストが、その強さの秘密、才能を開花させる仕組みに迫る。

L494
教えて！ 校長先生
「開成×灘式」思春期男子を伸ばすコツ

柳沢幸雄＋和田孫博 著

なぜ名門中高一貫校は、才能を伸ばせるのか？ 難しい思春期を上手に乗り越える知恵とは？ 伝統の上に創造を加えて進化し続ける独自のノウハウを、両校の校長先生が大公開。「アタマが良いとはどんなこと？」「友人、先生との関わりから何を学ぶか」「勉強以外にどんな学びがある？」「中高一貫校の良さとはどんなところ？」「これからの時代は、東大よりハーバード大？」など、素朴で本質的な25問50答。

L595
教育とは何？
――日本のエリートはニセモノか

尾木直樹＋茂木健一郎 著

国際社会の中で、日本人はどこまでバカになってきたか？ トレーニング主義や階段を上がるように、基礎から発展へと機械的に教えるステップアップ方式は、脳科学からも成果なく危険さえあるらしいです。そして、現在の教育での高校入試や偏差値教育は害悪でしかないのです。子どもたちは、学ぶ意欲は萎え自立力をなくしています。本書は、人間の「個性」を大切にした、世界レベルの教育改革を提言する「おぎ・もぎ対談」の決定版です！